U0744001

世好妍華
我耻拙樸

EX-LIBRIS

纪念

畅安王世襄先生

诞辰百年

和王世襄先生在一起的日子（修订版）

田家青 著

生活·讀書·新知三联书店

王世襄先生

丁聪／绘

世好妍华，我耽拙朴

　　当今，人们称王世襄先生是"大玩儿家"，而"玩儿"难免使人把它与轻松愉快联系起来。实际上，在治学、研究中，王先生凭的是一股一丝不苟的"狠劲儿"和"傻劲儿"。此两词是杨乃济先生对王先生的评语。

　　"玩儿"难免使人把它与随心所欲联系在一起，事实上，生活中的王先生讲究原则，对自我的要求严谨至极。

　　我认为，王先生最大的贡献是他在一生中致力于展示、弘扬中国文化最核心、最精华和最本质的精神：格调、品位、和谐。这对当今刚刚从物质上富裕起来的社会无疑有着十分重要的引导意义。

　　在我眼中，王先生是一位真正的学者、真正的收藏家和中国文化的实践者。

　　从看到的各种宣传介绍以及人们的言谈中可以发现，大家对王先生的真正学术成就和贡献未必十分清楚，也很难想象他所付出的艰辛，三十年前尚未结识他时，我对他的认识与当前人们对他的认识大致相似。当时业界对他的印象有点像现今社会对他的普遍印象：会玩儿、有天分、眼力好、神，可又都说不太清楚他在学术上到底高在哪里。所以当年我第一次去见王先生时，还抱着"会一会"的心态。与王先生一交谈，令人折服。业界评判一个人的真实水准是术语的应用，交谈中，我发现他对这些行话、术语不仅很熟，尤其用词之间的搭配准确，俨如硕果仅存的老木匠，远高于工匠的是他能讲出许多术语在历史上是何时和如何出现的，以及与其他相邻领域之间术语的对应关系，哪些是原创的，哪些是借用的，哪些又是在历史某一时期被误传，写成错字，最终以讹传讹，错成事实。这等功夫绝对是"玩儿"不出来的！这不仅要具有工匠一样丰富的实践经验，还要有对古建、园林、大木作、小器作的工艺和技法的深刻理解以及丰富的历史和人文知识，更需极深厚的古文献和文字学功底。

后来，这些本由匠人们世代口传身授，沿袭至今的支离破碎濒临失传的术语，终被王先生以科学严谨的方法划时代地整理并创立了名词术语体系，计千余条。（二十世纪九十年代，这套体系又译成了英文。）中国古代家具终于有了统一的语言和标准，能永远地留存下去了。面对这套体系中满篇如勒水、枭混、地栿等怪僻的词，不熟悉的字，一般人可能不以为然，而这项成就和贡献是历史性的更是世界性的！如果没有这项工作，在当今现代化的快速进程中，古代贤匠累积千年的术语精华，很可能会在这一代消失。其贡献，多高的评价都不为过！

王先生早年从事中国古代绘画研究，同时涉猎漆器、雕塑、竹刻诸艺，其见识、修养、品位及感悟力是常人难以企及的。最珍贵的是他把这些学问综合起来研究，总结出了从很高层次对艺术品评价、鉴赏的方法。

王先生的收藏涉及古琴、漆器、家具、造像等诸多门类，多著录于《自珍集》等著作，出版至今未发生真伪之议，可见其鉴赏水准。"望气"是文物鉴定的最高阶段，常人难以企及。

交往日久，看到了王先生的艰辛付出。黄苗子先生曾在一篇文章中讲："一九五八年，畅安（王世襄号）慷慨地让我搬进芳嘉园他家院子的东屋'结孟氏之芳邻'，确是平生一快。论历代书画著述和参考书，他比我多，论书画著作的钻研，他比我深。论探索学问的广度，他远胜于我，论刻苦用功，他也在我之上。那时我一般早上五点就起床读书写字，但四点多，畅安书房的台灯就已透出亮光来了。"

学术的成果要靠出版来体现，对于出书他更有一股和自己过不去的精神：每本书内容必须新、观点需明确、考据要翔实、出处要准确、注释要详尽、文字要简练，招招式式都是唯美境界。读者们说先生写的书好看，那是时间和功夫堆积起来的。他曾多次说过，在生活中他不爱吃"炒冷饭"，出版著作也最怕重复，不应给读者"炒冷饭"。

"研究古代艺术品，想有所成就，需实物考察、文献调研和工艺技法三方面相结合，缺一不可。"他是这么说的，也是这么做的。细想起来，这需要文武全才，谈何容易。文博领域有三类专项人士：第一类，谙熟历史文献、懂理论的学者；第二类，长于器物鉴赏，金钱的力量造就了火眼金睛的文物从业人员；第三类，动手动心的实践积累了丰富经验的工匠。三类人士各有优势和欠缺，往往还会相互看不起。王先生既是学术领域备受推崇的学者、学界领头人，又是业界公认的权威，还能被工匠称为"行家"。这才称得上真正的学者。

王先生一生最注重的，是做实事。从生活中的一个细微的习惯动作可以见微知著。这么多年来，海内外的朋友们请王先生吃饭，常去比较讲究的酒店，生性简朴的王先生其实并不喜欢。但他不爱驳人面子，也不多说什么。时间长了我慢慢察觉了他的一个有意思的动作：每一道菜上来，他会完全下意识地先拿筷子把菜里边放的虚的东西，如刻的萝卜花、雕的仙鹤、搭的小桥、放的花瓣，挑出去——我看得出来，他并不是真的刻意想做这件事，生活中他本是一位十分能容忍的人，这个动作完全是出于对形式主义潜在厌恶的本能。

原因在于，王先生奉行的原则是干实事，不务虚。恰似明式家具，不设非功能的装饰部件。好的明式家具，拆不走一个部件，一拆它就塌了，就散了。换言之就是没有纯为装饰而设置的部件，不刻意装饰却能做到最佳的装饰效果，这才是真本事。依此理念，做饭的人应把心思放在如何做得好吃、有利于健康且卫生，而不是雕萝卜花给人看，萝卜花雕得再好，吃不卫生，不吃浪费，色、香、味应是天生自有，不假外力。多年来，我们的社会越来越爱讲形式，重宣传、包装，依赖炒作，一些行业、一些活动，本来与文化无关，却拿"文化"说事，冠上"文化"头衔似乎就有文化了，对此，王先生曾笑称"这叫缺什么补什么"。

王先生一生研究古代家具，他一直想设计打造一件融入自己思想的家具，一九九五年得到了两块花梨大板，他约我与他一同设计打造了一件大画案。首先经多次核计、量材，务使两块木料能得到最大限度的合理利用，同时要让大案有时代感和艺术性，结构考究，无钉无胶。当时，打造此案的场地在北郊，王先生曾多次前往，一同切磋。打造传统家具，施工并不完全依赖图纸，是一个再创造的完善过程，如腿足的侧脚、各种弧度等都是"跟着感觉走"，边造边试边确定。大案制成后，正值王先生将要从平房搬到六层的公寓，独板案面长近三米，重近半吨，他一直担心搬上公寓楼有问题。最后，在我和王先生的加油打气及指挥下，几位小伙子愣是顺楼梯给搬上去了。

　　第二天，师母告诉我，他搬完大案回芳嘉园小院时天已黑了，一进院门，就跟孩子似的喊："我回来了啦！大案子上去啦！"别提有多高兴了。

　　大案一直在王先生的书房中陪着他著书立说，挥毫泼墨，《锦灰堆》、《自珍集》等广大读者喜爱的著作都是在此案写就的。王先生也告诉朋友们，这张大画案是他最喜爱的一件器物，他特作了一篇案铭，请荣宝斋的傅稼生先生镌刻于牙子的正面，其中"世好妍华，我耽拙朴"言简意赅地表述了王先生的审美观。

　　中国文化孕育出的艺术，追求的是格调和品位，反映到器物上就表现为和谐和文人气质。此案当为一例，其通体无一处刻意装饰，既有宋元的神，亦富时代感，其内涵令人回味无穷。

　　勤俭节约、善待自然贯穿了王先生的一生，我早年和他一起去香港参加会议，他都买回成包的圆珠笔芯。他写文章时，将两页稿纸摞起，中间放拓蓝纸，完成后上页交出版社，下页留底儿，省去复印。圆珠笔可用劲儿写，拓得清楚，且一支笔换芯用最节省。若用毛笔，用墨汁写完后一定要倒回剩余的墨汁，尽管残存的很少。

　　王先生的大案制成后，所剩下的刨花、锯末亦不曾浪费。作为燃料，放入挖好的干燥地窖，以备烘烤下一批家具木料。传统的木材要窖口盖席，通过调整进气口的大小适度进气，刨花、锯末会慢慢自燃，不冒烟。一个多月后，烧尽了，木料也烘干了，所剩的灰亦有用，起出后撒在地里，不仅是好肥，且滋养了土壤。如若人们都能以这种思维方式生活和工作，何尝会为气候变暖、环境污染而搓手着急呢？

去年十一月二十八日，王先生刚一过世，即有报社约稿，说要抢在第一时间发表，我拒绝了。我深知王先生很讨厌的当今"十弊"（时弊）之一就是抢风头，而且对于"应景儿"的急就章（"应景儿"和"急就章"是王先生真实用语）是嗤之以鼻。王先生逝世后第二天，见到某报有文章说，王先生是吃着猪头肉、喝着二锅头与工匠一起研讨家具的。熟悉王世襄先生的朋友都知道，王先生滴酒不沾。与工匠交流时主要喝茶，若赶上饭口，吃的是好吃不贵有益健康的家常饭菜。所谓"君子之交淡如水"。身怀绝技的老匠师的道和德绝非杜撰者想象得出来的，他们都是极讲老理儿的老北京人，做派庄重、谦和、含而不露。我写这篇文章不仅想将王世襄先生一些真实的东西转述给广大的读者，更重要的是传递他闪光的思想，如对社会有所用处，这便是最好的怀念。

田家青

二〇一〇年十一月二十八日

（此文为纪念王世襄先生逝世一周年而作，曾在二〇一〇年十二月发表于《北京青年报》，此次有删节。）

目 录

感 怀

拜识

我有幸结识王世襄先生，是在一九七九年。在此之前，我已经在古玩和明清家具圈子中泡了几年，向老木匠学习修复家具，向民国时"打小鼓"①出身的古玩商贩学习辨别家具真伪，并和当时尚为数不多的玩家们相互切磋，为了掌握木工制作技艺，还特地学了专业术语和行话，也收藏到几件挺有意思的老家具。因此种种，那时就觉得自己已经什么都弄明白了，按老北京的话说，就是"门儿清了"。在这个过程中，总会听到大家说起一个人：王世襄先生。都说他是位高人，常讲起有关他的一些逸事，十分有趣。然而他究竟高在哪里，可谁也说不清楚。所以，年轻气盛的我去见王先生的时候，还不太服气，是抱着一种"会一会"的心态：凭什么行里人都说你那么"高"呢？

初次与王先生见面，是通过老鲁班馆名师陈书考和王少杰两位的介绍。解放后，他俩曾先后在龙顺城硬木家具厂任厂长。公私合营之后，该厂将当年各个鲁班馆的明清家具集中起来，各式各样、大小不一的明清家具堆积如山，王先生常常去看，彼此自是熟人。他们把王先生家的地址给了我，事先也可能象征性地跟他打了个招呼，于是我就一个人直愣愣闯上门去。

---

① 指旧时走街串巷打着手持小鼓收购古玩字画的小贩。

进得王先生家，三间大北房中，摆满了明式家具，很多都叠摞着摆放——如今大都陈列在上海博物馆，当时一下子就把我看晕了。这些明式家具，整体形成了一个气场，用造型美、线条流畅、用料精当、结构扎实、工艺考究等等这些形容明式家具的专用词语，都不足以说明其对人产生的强烈冲击。

房内其他地方摆满书籍和资料，多为古籍善本和英文的书刊，只剩窄窄的过道。王先生夫妇在地震抗震时卧寝的大柜子上，还贴着黄苗子先生写的对联："移门好就橱当榻，仰屋常愁雨湿书"，横额"斯是漏室"，则谐音双关，来自唐刘禹锡《陋室铭》中"斯是陋室"的典故。这是一对明代的大漆四件柜，通体断纹，弥漫着古韵。书房中放着一张牙子上刻有宋荦（牧仲）题写铭文的紫檀大画案，案头有一唐代甜白釉的水丞。一方山西老太太做鞋压鞋底的青色压邪（鞋）石被用作镇纸，一掌见方的底座上圆雕狻猊，刀法畅妙，令人过目难忘，这些年来，我也见过不少同类的东西，却没有一件的造型和气韵能与之媲美。印章盒里放了各色各式的寿山石图章，墙上悬挂一张元代连珠式古琴，琴上居然是乾隆时的老丝弦。

房里林林总总，看似繁杂凌乱，但每一件器物，无不透露着神气和韵味，显示出非同一般的格调和品位，更透着主人的学识和修养。

此件北宋青铜卧狮很长时间被王先生放在案头，压镇些零散的资料、信函等。

与王先生一交谈，我顿生"找到组织"的感觉。是否掌握木器行中的术语、俚语，还有一些极生僻的专业词汇（当时只有工匠和"打小鼓的"能说一些），是业界评价一个人真实水平的重要标准，而我会说一些，自以为已经很了不得。和王先生一聊，发现他不仅谙熟这些行话术语，而且还能说出背后的典故，比如哪个术语是在历史上哪个时期出现、哪些是对的、哪些是以讹传讹，哪个词是由于南北口音不同而发生变化及变化的过程，简直"神"了！与我以前认识的业界老人相比，他的境界之高，高得不是一筹两筹：这些行话，大家只是会念，而王先生凭借深厚的古文字基础，将近千条术语做了查证和校注，这不仅是重要的学术贡献，同时显示出他绝非一般的学者，学究式的学者根本不可能有这样的实践基础。

　　此外，我印象极深刻的是，王先生朴实，说话不张扬，不炫耀。在当时，凡圈儿里自称"高手"的人都爱卖弄，相互挤对、踩咕，显摆自己能耐如何。王先生多为倾听，从不夸耀自己的学问，觉得不着调的人，连理都不理。对明白可教的人，略说几句话，便能点醒。我立刻感悟到所谓"真人不露相，高人不咋呼"的深刻含义。这第一次见面，他并没有说太多，但其间纠正了几处大家常说常用、但实有偏差的术语，让我大为惊叹，也隐隐约约预感到，和王先生将会有不解之缘。

　　当天离开王先生家，心里别提多愉快了。我喜爱古典家具，纯粹出于本真的爱好。可在当时，热衷古家具的人，京城上下屈指可数。我所认识的业内人，有民国时期打小鼓收古玩的，有修理家具的工匠，有骑三轮回收废品的板儿爷，他们所知道的，多是辨识木器用料以及初步的年代及价值估定，对一些较为特殊的物件，有的能说出来历，例如某件大案来自慈禧太后、又辗转经几个军阀或名人使用等等。他们不仅文化水平不高，人品和素质则更不敢恭维，但越是这样的人越是吹得多，真学问少。我一度时常感到迷茫，甚至怀疑我这种与当时主流文化脱节的爱好，是否值得坚持和努力，困惑自己是不是走错了路？那时候见到朋友，最怕人家问我在干什么。见到王先生后，知道自己选对了路。

第一次见面，我自己觉得表现还不错，颇得王先生的赏识。大约在十来年后，偶尔聊起来，他回忆了当初见我时留下的印象：那时社会上没什么人会对破旧家具感兴趣。一个二十多岁的小伙子，没有人引路，全凭本能去喜爱和感悟明式家具，且收藏的东西基本对路，问的问题在行，出乎他的意料。

自此，我经常往他那儿跑。依那个年代"串门儿"的习惯，造访用不着预约，一般家庭都没有安装电话，也没法儿预约，反正我有时间就去敲门，总希望能在他那儿多待一会儿。

熟悉王先生的人都知道，早年，他为了弥补历次政治运动耽误的时间，真正是惜时如金，很少接待客人。大院儿外门靠近邮箱旁贴着一张毛笔书写的告示："工作繁忙，恕不见客，请见谅。"外人来敲门，他往往半开门，探出头来说一句"我很忙，没时间"，就把门关上了。我知道，他对我是特别照顾。可是，我也看得出来，王先生很善于与业界的各种人士交往，从社会上摔跤、养鸽子、斗蛐蛐的，到中国的文化巨匠，只要是有一定特长和技能的人，他都能与之很好地相处。但是对不同的人，他心里有明确的定位。你能感觉到，有些人好像跟他很熟，但不管交往多久都融不进去，似乎隔着一层大玻璃板。我自能感受到，当时我在他心中属于家具迷、"土八路"的范畴，让他把我视为他学人圈子里的同路人，还相差甚远。我知道，王先生一生经历丰富，什么样的人没见过，什么事儿没经过，在他面前，靠要心眼、吹牛、抖机灵儿等招儿，绝对没用，即使骗得了一时，也蒙不了长远。在与他交往的各种人中，当然也有这类人士，自认为聪明得意，其实骗不了王先生，他嘴上不说什么，表面上也不大看得出来，但心里"明镜一样"。

回忆起来，王先生一生鉴人遵循的原则是：不听你说什么，关键看你做什么。要让他从内心承认你，唯一的途径，就是踏踏实实地做出点儿让人信服的成绩。当然，从认识王先生，到他对我有了基本了解，再到他真正接纳我，其间经过了相当长的时间。

登堂入室

实践之重要性，对所有行业而言，不论如何强调都不为过分。王先生一生中曾多次提到，现今中国的专业文博学界，普遍欠缺实践经验，而是否有实践经验，是他判断学人是否有真才实能的重要标准。他说过："如虎添翼，念书人如果真的再会动手实践，那才真的就像老虎长了翅膀。"王先生也说过，他推崇的研究艺术史的三个方法，也称三个方面，即：实物观察，文献调研，技能技法。回想起来，他每次说这话的时候，表情和态度都分外认真。这实际上也等于他给我开出的题目。于是，我便下定决心，以此三方面为努力方向，开干！

我从小就喜欢动手，且有一定的动手能力。"文革"上山下乡插队期间，学了一点儿木工活儿，后又跟北京鲁班馆的老木匠学了一些功夫，算得是一个木工，但是离能做"绝活儿"还有一定的差距。若想掌握一手绝活儿，苦功苦练再加用心琢磨之外，别无他途。

想练就超群的木工技艺，必须下苦功夫。和传统杂技、弹钢琴等一些绝技绝活儿一样，其方法就是"肌肉记忆法"，即在明晓技法的前提下，下工夫反复苦练，绝无捷径。而这种苦练，往往要伤到身体，否则达不到"绝技"水平。你看哪个世界冠军运动员身上没有点儿伤呢！我也为之付出了代价，指关节肿大，双手伸平，十指如同患帕金森症一样颤抖不停，这是出过苦力气，苦练木工技法的职业特征，是给我留下的终生纪念。当年的不易之处在于：在没有传统师徒关系的逼迫下，要自己逼迫自己，要有跟自己过不去的自虐精神，才能学到真功夫。

话又说回来，身怀真功夫确实一生受用，不仅会制作家具，更是加深了对古代家具的理解。观看一件传世家具之时，双眼如同 X 光机，能够看透，是新作还是老工，是在哪儿做的，谁做的，什么时候做的，做得好不好，为什么做得好，为什么做得不好，哪儿动了心思，为什么动这样的心思，都能一目了然，其洞察深彻的程度，语言难以表达。而在我组建木器和家具工作室的时候，又是这一手技艺和相应的知识为我提供了坚实的保障。工作室组建之初，来的个个都是能工巧匠，一个赛一个地心高气傲，谁也不把谁放在眼中。匠人常有个习气，若发现你是外行，他总会想着法地整你、耍你玩儿，但一旦你用实力证明了自己的水平，镇住他们，他们服了气，就会特别信服和听从于你，往后的工作就别提多顺利了。

　　光靠傻练也不行，还须动用心智。例如木工的基本功之一"平木"，我下工夫苦练之余，还从平木的工具"刨子"制作入手，反复研究，体会出工具对于匠人的重要性：手艺的好坏，往往取决于工具是否收拾得当、是否顺手好用。"工欲善其事，必先利其器"，修整工具可谓匠人的最高技艺。我慢慢摸索出其中的诀窍。

早期，琢磨修复收来的旧家具，由于没有条件，只好把宿舍床上的被褥挪开，把床当作"楞"（木工工作台）。

一次，我拿着一把收拾得十分顺手的小刨子去给王先生演示。放上一块木板，只要单用右手拿着刨床，顺势轻松一推，刨花便顺滑地从刨口中打着卷儿滚滚而出，从中任意择取一卷儿，用双手将其摊平，便见薄如蝉翼、呈半透明状、边缘整整齐齐的一段木皮。这让他颇为惊讶。我告诉他："木工做不好，往往不是手艺差而是工具没有收拾好。不信您试试，您也能行。"他试了试，果然好用，非常开心。

传统木工拼合的榫卯结构中，"龙凤榫"一直被视为是一项木工绝技。记得当年老鲁班馆的几位老匠师，嘴里常常念叨，每说到龙凤榫，脸上便呈现出一种特殊的表情，或是说起曾看到的明代方桌、条案一类，案面长近一米，厚度仅六毫米，是两片木板以龙凤榫完美拼合，严丝合缝，真是听着就让人心生仰慕。我便把这项绝技作为重点，刻苦练习。

后来我发现，其实老一辈工匠们，至少我认识的多位在行业中颇具声望的名师们，并没有真的亲自动手做过如此窄而精的龙凤榫结构，他们也是在修复或改制古家具时见识过明代工匠的做法。这并非说诸位老匠人的手艺不成，他们本是心灵手巧的聪慧人，可惜在最好的年华赶上了军阀混战、抗日及内战的乱世，那时需要的是应付一茬一茬变换的新权贵，需要的是表面光的"行活儿"，图的就是快速和效率，不给你"偷手"干缺德的"绝户活儿"[①]就已经很不错了，哪儿还有工夫做龙凤榫！想生存，就决定了他们不能这么精工细做。

我从工具和工艺入手，经过反复练习，先可以做到八毫米、七毫米，最后可以在五毫米厚、长近一米的板上做出龙凤榫，这已经是极限的厚度，再薄就无法做穿带了，已超过了明代的工艺水准。

我把这些称得上绝的技艺陆续展示给王先生，颇得他的赞许。

---

① "绝户活儿"指省工省事，将木器榫卯做成死榫或粘死，将不可能拆修。而传统木器的特点之一就是榫卯是活的，可以反复拆开，修复。

拍摄于一九八〇年代初，我二十多岁时，与祖连朋师傅。祖连朋是老鲁班馆的一流名师，在业界有极高的美誉，逢年过节，王先生都会差我前去给他送好茶。我那时身体特好，一天有干不完的事，还不知累，关键是那时脑子、手脚都跟得上劲，颇得老师傅的喜爱。

较早期时，琢磨家具结构。

　　我还曾选用一块老红木方桌腿的旧料，制作了两件家具模型，尺寸袖珍，可放在手掌中。此模型，与现在市面上偶尔能见到的、用下脚料制作的硬木家具模型具有本质的不同，不仅工艺讲究，关键在于完全采用真实的榫卯结构，模型各部件均依照传统家具的结构活插组成，拼装后严丝合缝，也可以全部拆开。虽然仅是一件模型椅子，由于涉及到了真实传统家具的诸多榫卯结构和形式，再按照比例微缩之后，其难度之大，可想而知。不仅如此，我还按照其结构绘制了榫卯拆装关系图，有点儿像现在电脑绘出的拆装结构图。

　　到了一九九一年，香港举办国际明式家具研讨会。这是有史以来此课题在世界范围内的第一次大型学术研讨活动。王先生和我把一个小模型带到了现场。在此之前，国际收藏界和学术界对明式家具研究所涉及的范畴，多在历史收藏、艺术水准和鉴赏方面，早年德国学者艾克的《中国花梨家具图考》，虽有家具测绘图，但只是拆装关系图，还从没有学者在亲自动手实践的基础上，研究木工工艺和技法，由此开启并逐渐推动了对中式传统家具的本质，即结构体系和制作工艺的研究，而这才是中式木器辉煌成就的核心，其哲思理念，应是最珍贵、最值得后人研究和继承的学术内容。

上述为实践与研究所做的种种努力，令王先生刮目相看，无疑有助于他对我这个人的整体评估。

要有高眼界，做出高水准的学术成果，不能只在中国境内的圈子里混，而是要走向世界。然而挡路的首要障碍，就是英语。

三十多年前，国内真正能高水准掌握英语的人并不多见。王先生的英语好，讲英语的口音略带特殊的北京味儿，在来京外国人的交际圈中口碑颇佳，这在与他同时期的文博专家中极为罕见。也正因如此，他有着更为宽阔高瞻的眼界和远超一般学者的知识，而他所做出的成就，便具有了世界意义。

认识王先生的时候，我仅稍有一点英语基础。与他的接触，使我意识到英语的重要性。那时，中国艺术史研究方面的中文新文献和新资料几乎为零，而西方学界则一直在不懈地努力研究，其学术成果遥遥领先，因此新进的研究资料都是英文的。当时王先生收集的英文书刊资料，在别处根本看不到，仅一览封面，已让我艳羡不止。再者，当年重要的收藏家和研究者也大都在海外，因此掌握英语是战略性的。我下决心，一定要啃下英语。

所谓"啃英文"，不是指学学日常生活用语，而是学习理解专业论著所用的学术性英文。那时没有英语学习环境，基本上碰不到外国人，也缺乏英语交流的渠道，唯一能做的是狠下死功夫，"啃字典"，"啃语法"，同时，阅读从王先生那里借来的同时期的英文刊物。经过大概三年多的时间，我掌握的单词量已成倍于当年外语学院对英文本科生所要求掌握的词汇量。

我对古玩较为熟悉，阅读相关的书籍不算很吃力，这也对促进英文阅读理解能力有一定帮助。当时，王先生是极少数可以按时获得海外专业刊物的大陆学者。每次从他那里借阅回来当月的新刊物，我总会如饥似渴地阅读。待归还刊物时，我能把心得感悟告诉他，起初是用中文讲，后来慢慢地可以夹杂着部分英文，几年后我已可以完全以英文表达。随着阅读理解的进步，再有新刊物，不必借走，在王先生那里浏览个把钟头，便可以告诉他内容梗概。几年下来，英语水平提高了，鉴赏力也有了质的飞跃，扩大了眼界，因而能从较高端的视角领略世间珍品。

我慢慢尝试着按照国外学者的论文文体用英文写文章。开始真费劲。我曾在 *Orientations* 等海外介绍中国文物的专业杂志上发表过四篇文章。第一篇，关于明式家具的鉴赏，由中文稿简化后翻译成英文，邮寄回来的原稿，几乎被英国的编辑批改成通篇红色了。即使这样，依然很兴奋，自嘲好比"二战"时盟军诺曼底登陆，伤痕累累，但好歹上了岸。

认真分析这篇涂满红批的改稿，我找到了主要原因：稿子是由中文译成英文，这种方式本身就存在语句结构的先天不足。英文学术论文，最好按英语习惯直接用英文书写，而不是翻译。咬咬牙，我又开始尝试纯用英文写作。

这算得上"啃英文"所拼的最后一口气了。待第四篇文章的原稿寄回来时，除了几个单词之外，几乎没有改动（见右图）。其后，《清代宫廷家具》和《圆明园家具的特征》两篇较有影响力的论文，都是直接用英文写成，且已不觉得比写中文更难了。十年后，文物出版社在出版论文集时，收入了这两篇论文，反而是从英文稿翻译回来的。从九十年代起，我已经能用英文在国际研讨会上宣读论文了。屈指算来，攻克英文过程大概用了十年时间。

回想当年，在没有语言环境，没有教授辅导，能以干"啃"的方式攻克英文，与我太想证明自己的能力，太想拿出过人的成绩不无关系。

随着英语的过关，阅读了越来越多的英文图书和资料，人的眼界开阔了，涉猎的领域拓展了，思考方式会有本质的提高。这些，王先生都了然于心。对于学习英语，记得前些年有个报道，有艺术学科的教师抱怨我国高考入学和教学制度，使有艺术天分的学生因英语不达

Early Qing Furniture in a Set of Qing Dynasty Court Paintings

Tian Jiaqing

(Fig. 1) Woman leaning against a rock in a garden, from *Twelve Beauties in the Yuanmingyuan*
Kangxi period, 1709-23
One of a set of twelve hanging scrolls, ink and colour on silk
Height 184.6 cm,
width 97.7 cm
Palace Museum, Beijing

(Fig. 2) Woman reading a book, from *Twelve Beauties in the Yuanmingyuan*
Kangxi period, 1709-23
One of a set of twelve hanging scrolls, ink and colour on silk
Height 184.6 cm,
width 97.7 cm
Palace Museum, Beijing

Extant paintings from the Qing dynasty (1644-1911), especially depictions of life in the palace and portraits of the Qing emperors, their empresses and other members of the imperial family, have played an important part in tracing the origin and evolution of Qing-style furniture. They also supplement documentary records on furniture making. A set of paintings, *Twelve Beauties in the Yuanmingyuan*, now in the collection of the Palace Museum in Beijing, has been useful in determining the style of interior design of the period. Each of the twelve paintings features a woman in a palace interior or garden setting, with faithful reproductions of the proportions, structure and even the various wood grains of the furniture (Fig. 1). For example, in Figures 2 and 2a, the figuring of the table clearly reveals it to be made of *huanghuali*. This indicates that the furniture was not a figment of the painter's imagination but reproduced from life. It is also possible from these works to evaluate the development of furniture styles in the imperial palace from the Ming (1368-1644) to the Qing period.

Judging from their style, the paintings were probably executed by court artists such as Mangguli (1672-1736), Jiao Bingzhen (act. *c.* 1680-1720), Leng Mei (act. early 18th century) or Shen Yu (act. early 18th century). The whole set was displayed publicly in the Palace Museum in Beijing in the 1950s, and as it was originally believed that the women in the paintings were concubines of the Yongzheng emperor (r. 1723-35), the paintings were known as *Portraits of Yongzheng's Concubines*. In 1986, however, Zhu Jiajin, Research Fellow at the Palace Museum, discovered a file in the archives of the Qing Internal Affairs Department proving that they were not the emperor's concubines, but simply 'beautiful women' (*meiren*). Zhu also discovered that the twelve paintings were once mounted on a screen in the Shen Liu study in the Yuanmingyuan outside Beijing. At the time the paintings were executed, Yongzheng was still a prince. The calligraphy on the paintings is in his hand and signed with the sobriquet he used before assuming the throne 'Po chen jushi' ('Recluse of the dust of defeat'). Since he was made a prince in 1709 and ascended the throne in 1723, the portraits must have been painted within this fourteen-year period.

More than thirty pieces of furniture of a wide variety of

田家青一九九三年元月在 *Orientations* 所发的文章

关而不能进大学或不能毕业。当时，王先生对此颇不以为然，特意对我说："不管干什么行业，即使是艺术类的学生，掌握英语也是必需的。现在英语的环境又这么好，如果连这点儿毅力都没有，将来也不可能成事儿。这样的人再有天分，我也看不上。"言下之意，似乎在肯定我为学习英语而付出的辛劳。

到了九十年代，王先生认为我已有能力，更应该走出去提高眼力和眼界，他建议我循着他一九四八年去美国考察的路线也走一圈，并写了以下的这封推荐信。

通过这封推荐信，我感觉到，在王先生看来，我已一步一步从土造玩主儿的角色中走了出来，有了与国际上一流的学者专家比肩对话的能力。

我在他心目中这一角色的转变，可从很多小事上体现出来，而小事往往反映大情况。例如，八十年代中期的一天，我偶然说起在地摊上看到的一件瓷器的款识形式，我念款识（shí）。他突然打断我，郑重告诫："哦，记住，以后这个字在这里别再念'shí'了，应该念'zhì'。这个字有两个不同的发音，意思完全不同。"我看着他一脸严肃认真的态度，觉得很奇怪，"款识"这个词是古玩中极常用的术语，在当时我接触的古玩圈里人，不论比我老的还是和我同一辈的，都把这个字念"shí"。而且，自打我认识王先生这几年来我在他面前也这么念过，他从来没有纠正过。我就说："大家都这么念啊。"他说："不对，不是大家都念错！以前我没纠正你，你也用不着纠正他们，往后当着他们就别念这个'识'字，直接说'款儿'就行了，犯不上跟谁都较这个真儿。但在真正的学者面前和正式场合里，一定不能念错，这一个字儿并不简单。"

的确，后来我发现，有真才实学的老先生们，老一代著名藏家，包括国外各博物馆的中国文物馆馆长们，没有一位是念错的。人民文学出版社的弥松颐老先生，编过很多好书，语言文字专家，有深厚的文化造诣。两年前，我曾跟他说，现在各种黄花梨、紫檀等名贵木材的小料，都被俗商车成珠子做了手串儿，实在暴殄天物。我打算用我们做大家具剩下的下脚料设计制作一些小型木器艺术品，希望能请他题些款识刻在上面。他一听就说："哎哟，你知道'识'字该这么念！我告诉你吧，有好多专家在电视上都念这个大白字，听着真别扭，还跟人在那儿瞎白话，真丢人！"

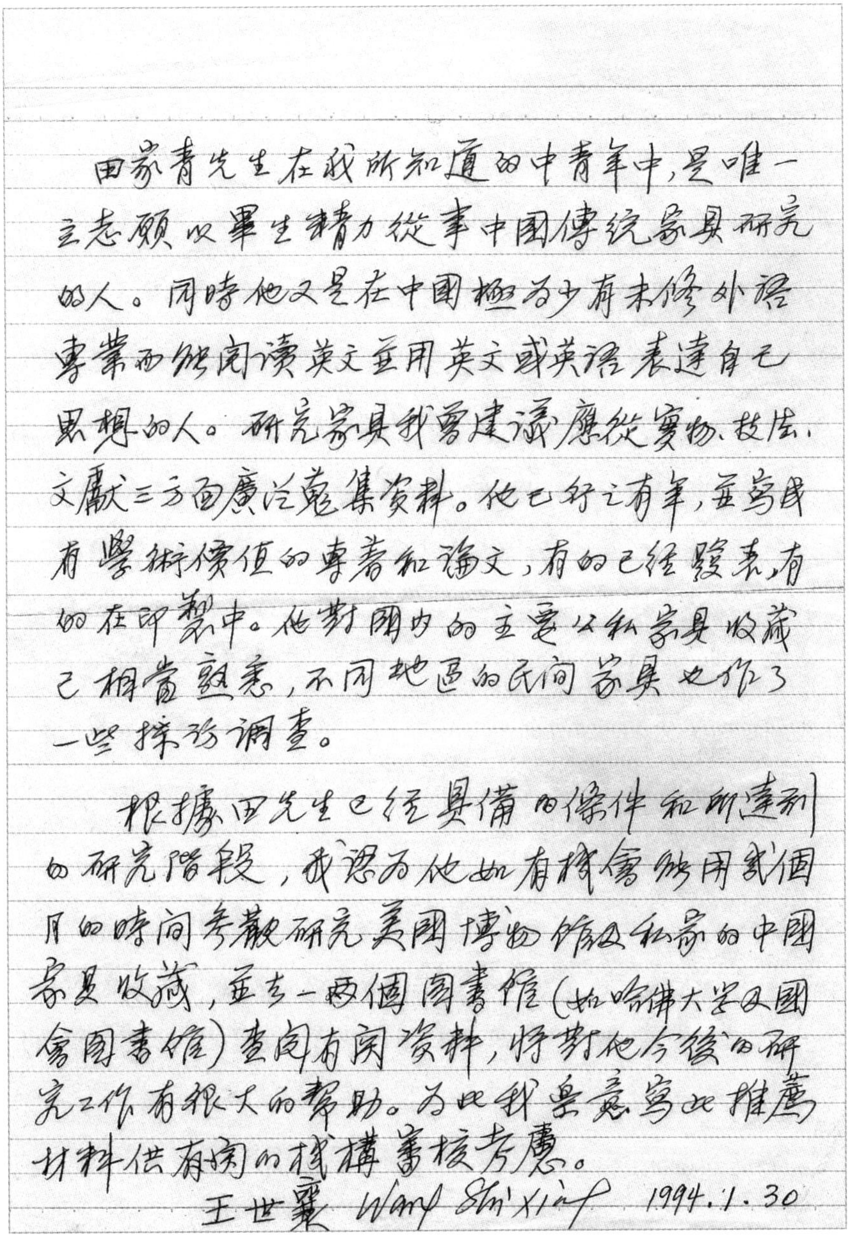

田家青先生在我所知道的中青年中，是唯一
立志愿以毕生精力从事中国传统家具研究
的人。同时他又是在中国极为少有未修外语
专业而能阅读英文並用英文或英语表达自己
思想的人。研究家具我曾建议应从实物、执法、
文献三方面广泛蒐集资料。他已行之有年，並写成
有学术价值的专著和论文，有的已经发表，有
的在印制中。他对国内的主要公私家具收藏
已相当熟悉，不同地区的民间家具也作了
一些採访调查。

　　根据田先生已经具备的条件和所达到
的研究阶段，我认为他如有机会能用数个
月的时间考察研究美国博物馆及私家的中国
家具收藏，並去一两个图书馆（如哈佛大学及国
会图书馆）查阅有关资料，将对他今后的研
究工作有很大的帮助。为此我愿意写此推荐
材料供有关的机构审核考虑。
王世襄 Wang Shixiang 1994.1.30

英语过了关，王世襄先生力促我去海外参观考察。这是他在一九九四年初给我写的推荐信。

这个"识"字，不光电视上那些专家，我发现与我同时期认识王先生的人里，至今还没有一位读音正确的。

业余的专业研究者

有一件事，很长一段时间内，成了王先生心里的一道"坎儿"。

我的本职工作并不是研究家具，一直任职于石化研究院，从事润滑剂的评定和研究工作。王先生很担心，我研究家具会影响本职工作。在那个年代，能否把工作干好，是评价一个人的最基本的标准。我在业余时间研究家具，并没有耽误本职工作。但即便如此，在当时也会给人一种不务正业的感觉。王先生对此心存顾虑是可以理解的。他常说：你把家具当玩儿就行了，还是把兴趣放在工作上。其实，哪怕六九年下乡插队，我都是高高兴兴去的，而且愣在那段艰苦岁月里找到了不少的乐趣。科研工作，我本来就很喜欢，做得也很好，以业余时间研究家具真的没有影响本职工作。但是，要让他完全相信，可不是解释一句两句就能办到的。

多少年以后，王先生才告诉了我一个"内部"消息：他与我们研究院副总工程师程之光先生在某次活动或会议上偶然相识（后来我知道他们是同一届全国政协委员，可能是科、教、文、卫组的政协委员在一起参加的某个活动）。大概王先生听程总谈起他的工作单位，正好与我同在一个单位，所以才提到了我。程总是留美博士，五十年代归国的爱国专家，凑巧，在工作中，我常向程总请教一些有关技术和英语的问题，他对我很了解，而且我们还都喜爱古典音乐，有共同的爱好，挺说得来。王先生从程总那里了解了我的工作表现，显然程总对我给予的好评，打消了他的一些顾虑。程总还告诉了王先生：一九八〇年，北京市对所有"文革"以后参加工作的、包括各大专院校教师和科研机构的工程和科技人员进行了一次正式的过关考试，高等数学、物理、英语二科，满分

300 分，还有 30 分加分，考题有一定难度，得高分更不易，有些科技干部没有及格。我那次考了 325 分，在近十万考生中列前几名。这事我未向王先生讲过，我深知他看中的是实际能力。通过程总的介绍，足以证明我研究古典家具并没有影响本职工作。值得一提的是，这么多年来，直到九十年代中期程总去世，他从来没有跟我提到过他认识王先生和曾在王先生面前对我的褒扬，这些事都是后来王先生告诉我的。客观公正，不向他人卖好，是他们那一代正直的老知识分子共有的优秀品质。

即便如此，王先生仍未免不安。记得那时他常问：一心不能二用，你怎么干的？我回答："您怎么就能同时听看三个节目呢？"（详见本书《逸事》一章中《惜时如金》一节）其实我没他那么聪明，但我的人生中，就没有真正意义上的"休息"这个词，不仅每天下班后接着干，星期天不休息，节假日不休息，更没有过休假。我从来不知道什么叫旅游，过生日那天会加倍地干最苦最累的工作。

直到一九九一年的一次活动，他才迈过了这道"坎儿"，彻底放了心。

那是香港举办的明式家具国际研讨会，与会者包括了诸多国际知名的专家学者，我也有很多观点和想法，希望能和与会的专家学者交流。尤其是一位瑞士学者，对《鲁班经》颇有研究，我一直想与他直接探讨，但在那个时候，出国不易，而想去香港更比出国还难，如果不是探亲，就只能由单位公派，而这又属外事活动，因此如果不是组织派送，绝无可能成行。很难想象当时有哪个单位愿意派送己方人员出去半个多月，却是去做与本职工作无关的事情。王先生当时根本不相信我能成行。出乎他的意料，单位对我赴会香港非常支持，把此事当作本单位的外事活动来承办，临行当天单位还派了车，我们研究室的领导专送我去机场。在机场候机时，王先生还和他高兴地聊了一个多小时。

通过此事，王先生看到了我们单位对我的理解和支持，完全相信我可以摆正二者之间的关系。

后来，王先生在向别人介绍我时，往往会说："他是业余专业研究家具。"

应该说，在人的性格和性情上，我和王先生有共同之处，而且多年受他的影响，有了更多的相像之处。例如：生活中的日常穿用，都极能凑合。但如果遇到正事，追求完美和极致，即使一个细节，也舍得下大力气，且爱"较真儿"，因此非常能相互理解。

王世襄先生做事极其缜密。初到他家中，你会觉得书籍杂志堆积如山，满眼繁乱，但是，若想找某一份文案资料，王先生绝对会从成堆的资料中准确找到，其迅速有如探囊取物，让人惊奇。这就像他行事治学的风格，分毫不差。

王先生特别讨厌说空话，而这恰恰是当今很多人的突出毛病：不管什么事儿，张口就来，说得热热闹闹，越说越来劲，满口应承，可一回去就再也没动静了。这么多年的相处，也让我做到了凡是说到的事儿，不论多么微不足道，只要承诺了，保准记下来办，若到时办不成，晚上都睡不好觉。

应该说，那些年里，王先生交给我办的事情，我都能超优完成。我深知，有如鉴物，王先生鉴人也极其严格，嘴上不会说什么，更不会从表情上表现出来，绝不会要求你、批评你，更不会说让你去做什么，但一旦你做了不合适的事，做了差劲的事，他就不再带你玩了。

能得到王先生认可，客观地讲，实在不是一般的不容易。三十多年来，前前后后曾有海内外一流的大学和文博机构推荐他们认为有前途的学生，希望王先生能带，亦有海内外的年轻人前来投考，有的甚至带着项目课题。虽然他们已经竭尽所能做到了极限，尽可能地展现了他们的能力，但是没有一位能经得住王先生的考验，大都交流一两次，最多三次，就被王先生结束了。

以上约十年左右时间，可看作是与王先生交往的第一个阶段，算是"登堂入室"。

亦师亦友 学术研究

学术研究的成果，要形成论文或专著才能对社会和历史有所交代，王世襄先生对此特别重视，并对写作和出版有着严格的标准和要求。那些为完成某项任务或者为应付某项考核而写的质量低劣的论文和书籍，是他极为憎恶的。

当时我也在写文章，我知道他要求高，因此送给他看的论义，都写得非常用心。可头三四年，我把写成的文章请王先生帮我看看，却没有一篇能被他留下来，只是随手拿过来翻一翻，也不说什么，当下就还给我了，连表情都没有。看着王先生这种"阅／退"的方式，我心里就明白了，显然，不值得他细看。回去以后，我便从整体上考虑增加分量，补充内容，认真改进，改完以后再拿过去，往往要增补修改几次，才能被王先生收下。记得他收下我的第一篇文章时，我很高兴，以为这回没问题了，可没想到，下一次见面，他又递回给我，仍然一语不发，不过从表情上看还是挺高兴的样子。我明白，这说明仍不是很好。我就再拿回来充实，修改。后来，如果有的文章被王先生留下，再见到我时，他会告诉我他的意见。时间一长，我从这个过程中就逐渐懂得了王先生对文章的要求：研究的内容必须有意义。例如，他很讨厌在红学研究中，某些涉及曹氏的无聊考证和没多大意义的争论；要有新观点，观点要写得明确；考据要翔实，出处要准确；对复杂的词条要有注释，注释要详尽；文字须简练，废话、空话和套话是王先生最讨厌的；如果是英文稿，要符合英文的书写习惯。直至一九八六年，即与王先生相识后的第七个年头，我才写出了第一篇获得他首肯的文章。

待若干年后，我再翻看以前写的文章，对比最初的写作，我看到了整体的进步和当时的不足，亦悟出了一个道理：人在写作时，往往会自我感觉良好，会觉得自己想要写的是最重要的，自认为很有分量。但是，当时挺激动，实际却并非真好，只有高人以旁观者的角度方能给出准确的判断，自己作为当局者则很难察觉。

在王先生对学术著述的所有的要求中，最重要的就是内容，内容必须扎扎实实，发自真正的内心感悟。他最反对写文章"炒冷饭"，即来回翻用一个观点或论据，他将此列为最令人厌恶的"十弊"之一。他在一次电视采访中就谈道：

> 现在你看写家具的文章很多很多，炒来炒去"炒冷饭"，写一千篇也没意思。你哪怕有几句话是真知灼见，写出来都比那几千篇有价值。[1]

他在很多场合都说过类似的话。

王先生还曾告诉我一个极重要的学术性著述的写作原则，即：不要因为怕别人说你的文章内容不够宽广深博而把写作面铺得很大。绝不能有一说一，而是要有十说三，不仅不能夸张，而且要有所收敛，每一处都要严谨至极。当时我正准备编写《清代家具》一书，已经收集了近千张清式家具的图片资料，本想出版一部令人震撼的巨著。王先生告诫我，这样做不合适。于是，我最终只筛选出一百五十件入书，虽然数量少了，但件件都具有代表性。现在看来，这个做法是正确的。此外，一些并不很确切的内容不要采用。例如：四腿八挓的小凳，即"杌凳"，是我这本书中所介绍的第一类家具。我原本准备了几十件各式各样的杌凳，后来只留下了四件。现在看来，其实这四件足以代表杌凳的主要形式和特征。还有，当时对杌凳标明了五六个名称，其中一个叫"骨牌凳"，在南方地区确实有这样的叫法。王先生跟我说：这是民间的叫法，不应放在学术著作中。作为一本开创性的专著，不是为了吓唬老百姓，也不是为了让你做显摆的，要经得住历史考验。所以我在书中只标列了"杌凳"一个名称，其他的叫法都去掉了。

---

[1] 此话录自上世纪九十年代后期北京电视台对他的一次访谈。

到了上个世纪八十年代中期，王先生和我，已经是亦师亦友、情同父子。他对我非常照顾，尤其是在学业方面。首先，他把他所熟悉的一批世界级收藏家和著名的学者都陆续介绍和引荐给我，让我能有与他们互相接触和学习的机会。当时，北京的一些学人，如启功先生、朱家溍先生、黄苗子先生、黄胄先生、傅大卤先生等等，彼此间联系密切，都是亲密的朋友。在那个时候，文化与艺术已开始重新受到世人的关注和重视，但与此同时，这些文化名家们也遇到一个问题：经常会有社会上的各种人士，或是冒充或是借名，自称是某一位的朋友或学生弟子，上门叨扰，无非是求字、求画、求匾、题签、找资料、帮着托人找关系等等。那时，家庭电话并不普及，况且即使有电话，也不好当着人面儿查询求证，所以也弄不清来人是真是假，冒名顶包儿经常发生，甚至有的来访者能把老先生们蒙哄得一愣一愣的。结果往往是事情办了，可为谁办的，还是丈二和尚摸不着头脑，过了好久，才发现被人蒙了。为了防止再次出现这种情况，大家相互约定：以后若再有以某某学生弟子的名号来托请办事的，一定要带先生的亲笔信，信中应说明所办事宜，被请求者则按照信中要求来做，否则，说出大天也没用。这是一个很管用的办法，因为这些老先生往往都有众多的学生和弟子。王先生最有意思，他一开始就跟这些老友说："我这简单，我只有一个学生，就是田家青，你们只要记住田家青就行了，帮他办就如同帮我，多谢了！"多少年来，我到这些老先生家去从不用带书信，想要办什么事儿也是直接说，正是因为王先生向他们拜托过，有什么事儿要帮助田家青，他感同身受。因此每当我有什么需要，不仅能很快地见到这些老先生，从他们那里获取知识和需要的资料，更重要的是，与他们的接触，对我建立人生观、价值观起了至关重要的作用。想来，那时我不过是个三十多岁的晚辈后学，可以和这样一批中国文化巨匠交往，在知识、见地和眼界诸方面所得到的惠益，是人生中最大的幸运。

　　王先生曾重点向我推荐和介绍过一个人——著名的香港华裔收

一九九三年，和朱家溍、王世襄先生一起，接待英国收藏家克里斯·霍尔（Chris Hall），一位世界级的中国丝织品收藏和研究专家。

藏家叶义先生。这是很早的事，大约在上世纪八十年代前期，遗憾的是，我只是在叶先生来北京时，在酒店和他匆匆见过一面，他回去后不久便不幸病故了。但他是我接触的第一位真正意义上的收藏家，他的人生经历，对我有着深刻的启迪。王先生经常赞誉叶先生天分高，眼力好，为人正直诚恳，所珍藏的百余件珍贵的古代犀角艺术品，后来都捐给了故宫博物院，他还出版了竹刻专著，对中国的文博事业和文物收藏做出了卓越贡献。我见到的叶义先生，儒雅、含蓄、谦和，与当年那些水平不高、藏品一般，却爱吹嘘、自诩的收藏家们形成鲜明对比。他懂得生活，极有品位，除了博收中国文物珍品之外，还藏有两辆早年经典的劳斯莱斯轿车和一窖上好的法国红葡萄酒。当他去世之时，我记得人们在悼词中的最后两句的意思是：他不仅是一位收藏家，更是一位真正的绅士。很多年来，海外每年都举办叶义的纪念和研讨会，一九九二年，我曾有幸作为主讲专家参加了这年叶义先生的纪念活动。

还有一件事，使我深受感动。一九九五年，我应邀赴美国考察博物馆。临行之前，王先生对我说："王季迁（己千）和王方宇先生都居住在纽约，两位都是中国书画收藏和研究的顶级大家，都极有见识。"王方宇先生主要研究和收藏明末清初八大山人朱耷的作品，其研究成就和收藏都是世界一流的。王季迁先生则收藏重要的宋元名画，有些藏品甚至连故宫都难以相比。他的收藏是如此重要，以至于没有看过他的藏品，对古代绘画就不会有全面、完整而深刻的理解。其实王季迁先生是一位相当精明的人，王先生对他这种性格并不十分赞赏，还曾写过文章讽刺他，但这并不意味着因此可以否认王季迁先生的学识。王先生说："你一定要去看看，拜访一下两位老人，最重要的是要听听这两位老人对他们藏品的理解和认识，从宏观和广义上领略他们的见识，这将有助于你对艺术的理解，同时会对你的专业有很大的帮助。这远比去博物馆或库房里看看器物、看看图书资料要来得直接，要重要得多，意义更为重大。"

王先生说话，一般并不说满。话说到这种程度，我便知道有多么重要了。因此我在纽约除参观各大博物馆和私人收藏之外，特意又多停留了一周的时间。可巧，二老都住在同一个社区的同一所公寓里，楼向左右相对，探访非常方便。

一九九一年王世襄先生带我与王方宇、黄苗子、郁风、黄永玉、叶承耀聚会时的合影。

我一共去两位老人家中三次，两天去一次，一去就是大半天时间。两位老人会在我到之前，特意把一些非常重要的藏画从银行的保险柜中（他们的重要藏品都存在银行的保险柜里）取回家，其中包括王季迁先生所藏在中国绘画史上地位非凡的董源的名作和倪云林等几幅传世佳作，还有王方宇先生收藏的八大山人的大幅画作和水墨册页。第二次和第三次到二老家中时，龚继遂先生也在，他当时任苏富比中国书画部的负责人（现已回国，任教于中央美术学院），还碰到了画家杨明义先生，他们也跟着我一块儿"蹭听"、"蹭看"。他们跟我说："你可真有福气。我们在美国这么多年，到王季迁先生这儿来，也没有机会看到他收藏的这几幅画。老先生专门从银行取回来，半天半天地看，还给你讲解，你真够走运的。"我并没有太在意，因为每次向王季迁先生客气致谢的时候，他总是说："你是从大陆来的，来一趟也不容易。"我以为他就是想提携年轻人，有这个心愿和气量吧。但究竟为什么对我如此热情，一时也没太弄明白。

　　这段时间的收获确实很大，能跟这两位成就如此卓越的收藏家对话，真是莫大的荣幸。王季迁先生透露给我一个他的观点，令我记忆非常深刻。他是一个戏迷，所以论画总爱拿京戏打比方。他说："看画跟欣赏京戏一样，喜欢京剧的，真正懂京剧的行家，是听，听味儿，听名堂，

一九九五年杨明义、龚继遂、田家青、王季迁、王方宇在王季迁家。

在戏院里是侧坐在茶座上，偶尔看看舞台，那才是高水准。还有多数的人，说是喜欢听戏，并不真懂，实际上是在看，那么看戏，就是看热闹了。例如著名的《四郎探母》，非常好听，但是听不懂的人是在看，要是这样，那还不如弄个'五郎探母'、'六郎探母'的，肯定比《四郎探母》热闹、好看，但那叫看，不叫听。"我理解了他的意思，于是便问："那您觉得在历史上，谁是值得听的，谁是看的呢？是不是早期的如宋元绘画才值得'听'，后来，尤其到清朝，都注重形式，热闹了，是不是就只能看了？"他说："不对，你的这个观点又太片面。要想'听'董源、黄公望，没问题，但是晚期'四王'的绘画笔法，一样有味儿，一样值得'听'，别以为热闹的就没味儿，关键就是要真的理解什么是《四郎探母》、'五郎探母'。

这样说吧，董其昌的画就是'五郎探母'。"我当时大为惊讶，因为人们大都把董其昌的画看作是有创意的文人画，有意境，有功力。可没想到，王季迁先生认为，董其昌正是因为没有绘画功力，玩不转笔墨，才抖机灵出新的，这和手底下有真功夫，自然而然地走入创新，有着本质的不同。当时，说实在的，也像他说的"看戏"一样，我听他讲的这番话当时也只觉得他说得挺热闹的，多少年

王世襄先生为王季迁先生《烟云供养卷》题跋

以后，再反过来"听"他这番见解，慢慢体会下来，他说的确有一定道理，而且对不同艺术领域都很适用，有普遍性，称得上是高论。

临回国之前，我又一次到两位老人家中，分别致谢道别，说："耽误了您们那么多的时间（那时王季迁已经快九十高龄了），给我讲了那么多的知识，还大老远从银行把画取回来，当时我都不知道这么麻烦，真是感谢。"王老先生一听，乐了，说："行，有你这句话就行了。你回去跟你师傅说啊，我没见过像他这样的，又是来信，还托人捎口信，中间还打了个电话（九十年代，打越洋电话是很贵的），点着名要让你看哪一件（古代绘画），我们这才专门从银行取回来的。反正这些都是按照他的要求做的，该怎么着，你回去原原本本跟你师傅说啊！"

我这才明白了，闹了半天，是王世襄先生在后边费了这么大的心思。

回来以后，我跟王先生说起纽约观画的事情，他说："看着真迹，再听他们讲解，难得！会对你一生都有很大帮助，所以我才卖了这么大的面子。"

陈梦家先生是中国一代著名的历史学者和杰出的收藏家，"文革"初遭迫害而自杀。王世襄先生介绍我认识了他的夫人赵萝蕤女士。陈梦家先生以收藏明式家具和古漆器而闻名，"文革"后退还家中的有四十多件明清家具（现在大部分都已入藏上海博物馆）。有一段时间，我在赵萝蕤女士那里对这批家具做了仔细的研究，并对其做了细致的保养。例如，那把著名的黄花梨大交椅，据其"铁錽银"饰件，应是可以证明为罕见。但当时因为房子漏雨，砖地潮湿，交椅上的铁活饰件锈蚀得很厉害。我为其上了几遍核桃油，方得以保存下来，可谓万幸。

赵萝蕤教授当时已年过七旬，她是美国芝加哥大学的博士，上世纪八十年代，获得芝加哥大学授予的终身成就奖，是该校最高的学术荣誉奖，她也是到那时为止毕业于芝大的中国人中唯一获此殊荣的人。她是北京大学著名教授，专攻"英美文学"，是中国西方文学研究领域第一流的学者和翻译家，能和她交往，不仅专业上收获颇丰，增加很多见识。巧合的是，她与我爱好相同，也喜欢古典音乐。每天上午十点多的时候，只要天气好，她就会在她的小院儿里一边走圈散步，一边听古典音乐。我们因此很能说到一块儿，一起探讨音乐。一九九二年，我还帮她从当时美国古典家具研究会那里买来并带到北京（那时音像制品进口是很受限制的）一套亨德尔的唱片。有意思的是，她喜欢的是德奥晚期的音乐，像马勒、布鲁克纳等作曲家的作品，而对柴可夫斯基的作品，不仅不喜欢，反而极其厌恶，说起来还挺极端的，她认为柴可夫斯基的音乐过于矫揉造作。

当时赵萝蕤女士也在指导研究生，每周都会有研究生来，听她辅导论文，我也可以在旁边蹭听。学生走了以后，我还可以接着跟她聊。由此看来，我比她的研究生待遇还高。从她那里，我了解了很多陈梦家先生的故事。比如，她说陈梦家是一个极其神奇的人，没有得过任何疾病，一辈子连个感冒发烧都没有过。如果说他身上哪儿有一点毛病，那也就是脊背上长过一颗小粉瘤，手术切除后，就成"完人"了。那么好的身体，那么有成就，本可做更多贡献，但受迫害英年早逝，真可惜！当然，她更多的是讲述从宏观角度对艺术品的鉴赏方法。陈梦家先生的收藏和研究范围包括从远古到近代，他对中国的历史和艺术品有独特的理解，她自然也受到他潜移默化的熏陶。赵萝蕤女士跟我的接谈交往，是非常令人愉快的。她留学美国多年，又有着非常深厚的中国文化底蕴，待人随和，但遇到正事又是一个极其认真和较劲的人。她所指导的北大博士生中，就有她坚决不予毕业通过的。后来听知情人讲，其实她带的博士生，学业并不差，只是她要求太高，尽管学生与她私下关系很好，她却能把学术和人情完全分开。与她这样的人交往，对我做事的行为方式及态度，都有着很重要的启迪和影响。

此外王先生还引荐我认识了杨乃济先生和傅熹年先生。从他们那不仅学到不少知识，例如如何快而准地查找档案等等，而且还领悟了一些学习的方法，而他们的优良品格和作风也给了我很大的教益。

在很早的时候，大概是在一九八六年到一九八九年间，王先生就很正式地介绍我认识了萨本介先生，我们从此便成了好朋友，直到现

萨本介先生也喜爱明式家具，我与他常在一起切磋书法、绘画艺术与家具构成之心得。他巧妙地运用木器结构榫卯凹与凸的关系，为我们木工房起了个凹凸斋的雅号，还通过抽象思维创作了凹凸关系图，并与手书相赠。

在。萨先生曾在荣宝斋收购现代和古代书画，他从事书画实践，关注艺术理论，并以自己的方式赏析、品评艺术品。从他遒劲飘逸的书风中，可以读出他的气度和精神。同时他做事一板一眼，不张扬。我在和他的相处中，感悟到不少对艺术鉴赏精微处的体会，这是在别处学不来的。

近年来，常有人说"你真走运，跟王先生这么多年，一定学了很多的知识"。其实，具体的文物艺术品的鉴赏知识，算不得什么，任何人经过几年的努力，下点儿工夫泡古玩市场，就都能学会，且下的工夫越多，学到的就越多。而我跟随王先生这么多年，慢慢品味出，最难的是学会看人，这比学会看东西要难得多，也重要得多。

如今回想起来，王先生对我一生中最重要的一个影响，就在于让我慢慢领悟到应该如何分清一个人的真实水准。很早的时候，他就开始不断地向我讲述他心目中的文化名人以及他们的成就。在他眼中，许多学问渊博、成就辉煌的人，直到现在都未能被赋予崇高的人文褒扬和应有的历史地位。例如，如今一说起保护与研究中国古代建筑，人们首先想到的是梁思成、林徽因两位先生，知道种种关于他们的故事，公认他们为里程碑式的人物。而王先生一直在营造学社工作，跟梁、林两位先生非常熟悉，也十分尊重他们，也曾写过纪念文章。但实际上，王先生明确地告诉我，在他心目中，朱启钤先生方是中国古建第一人。论其一生，从政，位至北洋政府代理国务总理，袁世凯授以上方银镐，蒋介石设宴款待，解放后周恩来总理为其祝寿；办实业，为中国第一代民族资本大型综合性企业中兴公司董事长，雄资钜万。文化贡献方面，创办中国第一个博物馆，即故宫博物院的前身"古物陈列所"；做了最早的近代城市规划，开放中国第一处公园中山公园及天坛、北海、颐和园等为名胜风景区，留住了北京宫殿园林建筑群的根脉；创立中国营造学社，推动并支持对中国古代建筑及漆器、织绣、木器等古代工艺研究，是这些学术研究领域真正的奠基人、开拓者和卓越组织者，收藏，存素堂所藏古代丝绣织品，为海内外私藏之冠；慧眼独识，保护购藏了存世不多的样式雷图档和烫样。因此，王先生认为，从任何角度来衡量，朱启钤先生对社会和历史的贡献都是他人无法比拟的。任何人，若从事过他一生所从事的任何一项事业，并做出他那样的贡献，都足以自傲人生，而他一生从事了举不胜举的多项事业，并项项做出了非凡的贡献。但是，社会舆论却只知其麾下学者梁思成，而不知其背后操盘者朱启钤。像他这样悟性极高，有真才实学的巨擘大家，不为人所熟知，甚至默默寡闻，固然有种种原因，但其人生与成就如海深山高，反而使我们所无法企及、难以理解，必是主要原因之一。

朱启钤（前中）九十大寿，身后为梁思成，后排左一为王世襄。

鉴人如鉴物，这不仅仅对明清家具专业，而且对人所从事的任何专业，特别是对人的一生，都助益无穷。尤其是当前，有些所谓"名人"，擅长利用各种媒介来获得名声，靠的是取巧经营而并非真才实学。各行各业都有这样的人，这类人大都很能说，擅"表演"，但实际上并没有真正的内在能力。而能否具有鉴人的眼力，能否准确地判断出一个人的实际水平，其重要意义在于由此选择应与什么样的人交往，这对于人生的重要性，是不言而喻的。

相知 期望

一九九五年，我编著的《清代家具》一书出版，我和王先生的关系，从相识到相知，从登堂到入室，进入了一个新阶段。他对我寄予了更大的期望，也提出了更高的要求。

有两件事，他特别惦念，也是他的心愿，希望我能以毕生之力去推动并进行下去。

第一项，确立明式家具的社会与文化地位。

明式家具的成就，可以一句话来概括：五千年汉民族文化的精华孕育在物质上的表现。其地位，本来应等同于书法、绘画、瓷器、玉器。应该特别指出的是：从艺术史的角度来看，明式家具，实际上已远远超出家具的范畴，本不应仅仅被算做家具，而应被视为中国汉文化精神的代表性器物。其地位应有多高，可想而知。

可惜直至今日，在世人的眼中，明式家具的位置，依然归类于工艺美术。在我们所能看到的拍卖图录上，明式家具被归为木器家具一类，总是跟工艺品和杂项放在一起，其身价自是与工艺品基本等同。而明式家具能够体现人的思想，有艺术的造型、精密的结构和复杂的工艺，应该和书画之类等同视之，更何况它还能使用，具有实用价值。奇怪的是，恰恰由于明式家具"能使用"这一优点，却反而不能被算作艺术品，所以也就不值钱。王先生和我都多次愤愤地说：这纯属一个荒唐悖谬的理论。

造成误解的原因，首先在领悟明式家具的艺术水准上需要具备一定的学养与鉴赏力。往往有些自称明式家具爱好者、甚至自称懂行的人，若进深一步对话，就会发现，很少有人能真正理解和读懂明式家具。显然，社会的认知力不够。那么，即使明式家具已被社会公认，有了一定的地位，这种"社会公认"，也仅是人云亦云。其次，当今，以商业为目的仿制家具特别红火，大量做得不好的仿品有些甚至俗恶至极，败坏着中国传统家具的名声，却有着极好的市场，甚至某些博物馆也在收藏一些很差劲的仿明式家具，这就造成了很坏的社会影响并误导着公众对明式家具的鉴赏。王先生对此一向非常反感。这也是他一直支持我做家具，希望我能做出好家具的根结所在。

在促进对明式家具的理解和宣传其艺术成就上，还有许多工作需要长期做下去。

王先生于一九八五年出版的《明式家具珍赏》代表的是那个时期对明式家具的最高认识。此后二十多年以来，根据新发现的越来越多的明式家具实例，证明明式家具实际有很多的分支和流派，而"明式家具"，原本应是一个大概念。例如《明式家具珍赏》一书封面的紫檀有束腰的圈椅（现在被大量仿制），其实属于清宫官造明式家具一类。通过二十年的认真归类总结，我们发现，历史上制作于江苏苏州东山一带的苏作明式黄花梨家具，虽非百分之百件件精好，却是最正宗、真正能代表中国文化精神的器物。近二三十年来的深入研究，通过对造型、工艺和结构的研究，尤其是通过一些工艺细节和结构特征，我们已初具能力把不同产地的明式家具彼此分离出来。据大致估计，至今在全世界范围内存世的、符合苏作明式黄花梨家具流派的器物，应该在几百件之内。我一直在注意搜集和整理这类器物。其中还有近百件未曾公开面世的绝精的家具，集中在几位世界级收藏家手中。几年前，我已帮助其中的一位收藏家整理编写了藏品目录，但至今仍未出版面世。王先生看过这本书的样稿，给予了很高的评价，希望能陆续说服这几位大藏家，将其精品公开于世。对这类器物进行整理研究后，最终能以图书形式将苏作明式黄花梨家具百件精品展示给世人。待到那时，世人对明式家具方能有更为深入和准确的认识，从而导向明式家具崇高的社会与文化地位的最终确立。

王先生的《明式家具研究》，与沈从文先生《中国古代服饰研究》，被公认为近世两部开创性的学术名著，而这两部名著所达到的学术高度，是其他一些领域的开创性专著无法比拟的。二〇〇四年，北京三联书店决定发行《明式家具研究》中文简体字版，王先生为此让我写一篇文章，说明此书再版的意义。我觉得，以我的身份并不合适写如此重要的文章，应该请一位与王世襄先生岁数相仿的重要学者，如当时还在世的黄苗子、朱家溍等先生来写，会比较适宜。但王先生坚持由我来写，他的意思，是要我把有关明式家具社会与文化地位的思想，在这篇文章中表达出来。于是文章中就有了如下一段：

> 就艺术而言，明式家具与绘画、雕塑、竹刻一样，都可以承载人的思想，表现深刻的内涵，给人以艺术的震撼和美的享受。但相比之下，绘画、雕塑、竹刻等艺术形式更偏于纯艺术的范畴，属于鉴赏品。而明式家具不仅可观赏，还有使用功能，更贴近人，更融入生活，从这一角度着眼，家具艺术比纯艺术作品更加现实。只是世人受鉴赏力的局限，世俗观念的影响，很少有人领会明式家具的真谛。

这篇文章，即《〈明式家具研究〉再版的意义》写完之后，我告诉三联书店的责任编辑张琳女士，是我替出版社写的，署名三联书店编辑部即可，不要写我的名字。可是她后来告诉我，王先生坚持要署上我的名字。此书出版后我才看到，在此文前边还有王先生一篇名为《求知有途径　无奈老难行》的文章，大意是年老力不从心，还提到了"长

《明式家具研究》再版的意义

王世襄先生编著的《明式家具研究》1989年由香港三联书店出版，迄今已逾15年，北京三联书店即将修订再版。作为王世襄先生的学生，我有幸看到了付印前的清样，再版本不仅在内容上有所增补，且将文字与图版合成一册，大大方便了读者，使这部被称为"大信大雅"的煌煌巨著，以更加完善的面貌呈现于世。

《明式家具研究》是中国古典家具学术研究领域举世公认的一部里程碑式的奠基之作。它的三项主要贡献是，创建了明式家具术语体系，系统完整地展示了明式家具的成就，从人文、历史、艺术、工艺、结构、鉴赏等角度完成了对明式家具的基础研究。

在一般人的心目中，王世襄先生是一位"大玩家"，而且玩出了大名堂和大学问，玩到"玩儿"，难免有人把它与随心所欲，轻松愉快联系起来，以创建明式家具体系轻而易举地玩出来的，毋庸赘述。对于艺术品的收藏与鉴赏，王先生的确是乐此不疲地玩儿了一辈子，凭着"天分"和"眼力"，玩到了最高境界；而在治学与研究方面，王先生可是"一丝不苟"、"严谨至极"，凭着"傻劲儿"和"狠劲儿"（"傻劲儿"和"狠劲儿"是杨乃济先生数年前送给王先生的评语），将其学术境界"玩"到了学术的高度。王先生的"玩儿"艺术、"玩儿"学术，在国内玩成了"中国文化名人"（2003年与金等人同时当选为杰出文化人），而且其间还获得了荷兰克劳斯亲王基金会的最高荣誉奖，前此还没有中国人获此殊荣，然而，在世人仰慕辉煌成就的背后，有多少人能够体会到王先生毕生付出了超乎常人想象的艰辛和努力。

王先生曾多次提到："研究古代艺术品，若想有所成就，需要实物考察、工艺技法和文献印证三方面相结合，缺一不可。"细想起来，三者想要兼备于一身，谈何容易。我们知道，文博领域有三类人即士分别担任着不同职务：第一类，博物馆、大学和研究机构中的研究人员，行使娴熟于历史文献，善于总结，在理论研究中做出重要贡献。第二类，文物市场、艺术品拍卖机构的从业人员，他们的优势在于器物鉴赏，皆因身处在一个错了赔不起的行当中，金钱的力量逼迫出了一双双火眼金睛，对于器物的榫铆与市场信息能有接近准确的判断。第三类，从事艺术品制作与行的工匠，动手用心的由于实践他们积累了丰富的经验，甚至具有独特的理解，但往往心里明白说不出来，屈指数来，能够既是学术领域备受推崇的学者、行业里公认的专家，又被工匠称为"行家"的，王先生是当之无愧的。仅以创建明式家具术语语体系为例：中国古代家具的设计与制作，自古都是由匠人们世代口传身授，沿袭不变，没有统一的术语及专业统一的语言描述体系，王先生在研究清代工匠作则例、校译《鲁班经匠家镜》和汇整工匠口头术语的基础上，结合大量传世的观察与研究，划时代地建立了一套完整的明式家具专业术语体系（包括对家具造型、用料的命名、构件的命名、榫卯结构的命名以及制作工艺和图案的术语等共计一千余条），汇编成《名词术语简释》，以浅显的语言逐条解释，通俗易懂，在这一千多条术语中，有不少是王先生创定的名称，自《明式家具研究》出版之后，因为这些名词术语定义明确合理，易于上口，便于记忆，又有夫人袁荃猷精制的数百幅线图相印证，很快被不同业界认同。在海内外专业领域和出版物中普遍沿用，从此明式家具的制作讲究法度，推崇严谨的榫卯结构，一招一式不仅是技艺，同时也是只凭学者、专业人士或工匠任一单方面才以完成的。

王先生早年从事中国古代绘画研究，特定的时代和家庭背景，使他享有得天独厚的机会接触代表中国绘画史上最高成就的宋元古画。他同时涉猎的还有漆器、雕塑、竹刻等格调高雅的文人艺术品，其见识、修养、品位及感悟力显然是常人难以企及的。上世纪40年代初期王先生就完成了专著《中国画论研究》。其时，当明式家具进入他的视野，王先生敏锐的艺术感悟力与明式家具所具有的人文和艺术魅力产生了共鸣，从此涉足这块艺术圣地一发而不可收。就艺术面言，明式家具与油画、雕塑、竹刻一样，因其娴熟于历史文献、表现深刻的内涵，给人以艺术的震撼与美的享受，但相似之于；绘画、雕塑、竹刻等艺术形式更偏于纯艺术领域，属于鉴赏器，而明式家具只可观赏、还有使用功能，更贴近人，更融入生活，从这一角度着看，它比纯艺术作品更加难实，但是更大受鉴赏力的局限，惟恐观念的影响，很少有人领会明式家具之真谛，而王先生却慧眼识珠，独辟蹊径，步入了艰辛的耕耘历程。直到上世纪80年代，继他花了数十年心血的《明式家具珍赏》与《明式家具研究》相继出版，才在中国艺术史上第一次成功地以图文并茂的方式将明式家具全面系统地展示于世，令多少人为之倾倒。20年来，从中国大陆到世界各地，涌现出了无数中国古典家具的藏家，引发了世界范围的明清家具收藏与研究热潮。毫无疑同，它将成为艺术史上浓重的一笔。

其实，研究明式家具的意义远远超出对具体器物及其艺术性的鉴赏范畴，明式家具的核心哲理对当今社会的人文环境与道德观念仍大为不失一种深刻的启迪。明式家具的文脉与气质和艺术品位对很好的着我们这个年来匮乏的社会无疑是一种很好的教材，让人们看到中国文化不只是雕龙画凤的宫廷气象、花花绿绿的"唐人街"装饰。明式家具注重内涵，摒弃浮华，当功能与形式无法兼容时，形式要让位于功能；明式家具的制作讲究法度，推崇严谨的榫卯结构，一招一式不仅是技艺，同时也是职业道德的体现，明代工匠惜料如金、不事奢靡、崇尚朴实、善待自然，想来不都是当今社会应当重视的美德吗？仅以本书的版式为例，一册为图版卷，两册放在一个套盒内，形式上整齐美观，但阅读时却因对照而来回翻阅，十分不便，此次再版，采用图文会编，尽量按相关的图版、线图、文字、注释等编排在一起，大大方便了读者，新版虽增加了内容，因两册合一，还减少了全书的页数，设计师注意到书的版式，一招一式，包括对他人的尊重（书中的家具几无是王先生亲自获得的照片，都是王夫人亲手制成线图，没有直接引用他人的图像资料）。无不为人树立了榜样。如果你舍得暂时远离浮躁不安的尘嚣，静下心来，让自己置身于明式家具静穆的氛围之中，细细地品读一下《明式家具研究》丰富的内涵，你一定会有别样的收获，而这更是此书再版的意义所在。

田家青 2005年12月

《明式家具研究》，王世襄编著，袁荃猷制图，生活·读书·新知三联书店二〇〇七年一月第一版。图为田家青撰写的《〈明式家具研究〉再版的意义》一文。

江后浪推前浪"，至此，我才明白他的良苦用心。

第二项，总结中国传统家具的工艺技法。

系统完整地介绍中国古代工艺制作技法的集大成之作，建筑方面有宋代的《营造法式》，漆艺方面有明代的《髹饰录》，唯独木器和家具，没有传世的此类书籍。虽然有一本万历年间的《鲁班经》，但其中涉及到家具的条目仅有三十二条，讲到的多是家具式样，关键是这本书没有涉及到结构、工具、工艺、做法等，而这些方面才是木器家具制作的核心本质。因此，总结并编写一部中国传统木器结构和制作工艺的书籍，是一项具有历史意义的工作。王先生与我曾有过多次的长谈，谈到他非常希望我能在总结家具的结构和工艺技法上下功夫，最终能以一本专著的形式，填补这项空白。他说，这一工作，他一生想做，但没能做成。他还告诉我，他自己动手能力不是强项，一人独自完成不了，因此曾在不同的时期三次试着与三个人尝试合作，但因合作人的水平、能力等原因，令他失望，最终只好放弃，成为遗憾。我当然知道此项工作的历史意义，更深知要将之做好，将是一个极其艰苦漫长的过程，要付出后半生的大量时间、心血和精力，要身体力行一种和当下的拜金时代格格不入的生活方式，才有可能完成。显然，王先生也能预感到我所要面对的艰难困苦。

上世纪九十年代中期，是中国社会经济剧烈变革的时期。全国城乡一些有传统技艺的老匠人，如鲁班馆的老师傅们，已入高龄，陆续退出了历史舞台。社会在向工业化和商品化发展，西方大工业生产方式和商品意识快速涌入中国。然而，原本以雅贵艺术品的形式存在的手工艺精细木器和硬木家具，与时代的矛盾愈发突出，其制作技艺，会在相当短的时间内彻底消亡，而且随着社会经济结构的变化，它根本不可能有自身存活和延承的能力。更糟糕的是，大陆开始逐渐兴起制作以纯商业利润为目的的家具，以批量生产赚钱，这对传统结构的变异、退化和简化起到了极大的催进作用，我给这种现象起了一个名字叫"异化传统工艺和结构"。因为有了电动工具和强力化学黏合剂，加快了这一异化过程，更可憎的是有家具制造商还琢磨出许多"恶招儿"，典型的例子，是用

用传统"二人抬"大锯解料的方式。此照片拍摄于一九九五年前后，现今电锯已普及，很难再看到这种景象了。

适合机器加工的差劲的八字榫，来代替传统牢靠和考究的长短榫。如此发展下去，很难再会有年轻人愿以师传方式，一招一式学习这些工艺技法，中国古代这一物质精神财富必遭异化的厄运。因此，对辉煌的传统木工工艺加以记录、研究、总结和传承，已迫在眉睫，刻不容缓。

也正是在这个时期，社会变得更为商业化，我周围的许多人都"发达"了。说实在话，任何人处此环境，心理上当然会不平衡。写作和出版《清代家具》，就是在忍饥挨饿的情况下才完成的，多年累心累力，导致体质严重受损。上世纪九十年代中期，正是中国经济腾飞的起点，有太多的领域和创业的好时机，四十岁出头的我当时有心换一个活法，不想再这么累、这么苦了。再说，这类学术性研究和编写专著，本来应由政府文博机关拨发专项课题资金，有专门经费，为什么要由我一人承担？几十年后，即使写出了学术专著，肯定又会因销售不多而要自费出版。当然，会得一个"为中华民族做贡献"的美称，名传千古，流芳百世，但当今人很现实，不信你干干试试？实话说，我当时还真没达到这个境界，之所以决定去做，很大程度上是不愿辜负王世襄先生的厚望，不忍心让他失望。抱怨归抱怨，情绪归情绪，但还是行动起来。自一九九六年开始，我认真地用录像、录音的形式记录下几位木器行业，包括在藤编、铜活等方面经验丰富、硕果仅存的老匠师的手艺操作流程。如今，几位老人都已驾鹤西去，这还真是仅存的宝贵资料了。

这项工作涉及三个方面。第一，研究历史上中国传统家具的各种结构。从传世的几十幅古代绘画中找到了几十件家具，因为都是写实绘画，比较准确，从此入手进行研究，根据绘画复原出榫卯结构。第二，在大量修复古代家具的基础上，研究不同结构的关系。而这需要相当长的时间积累。第三，工艺技法。分成两类：工具的使用及工艺和木工制作工艺。

中国古典家具的核心，是包括"结构"和"制作工艺"两部分在内的"榫卯结构体系"。

"结构"部分，当年王世襄先生和夫人袁荃猷已经把主要的结构形式整理和总结出来。他们用"削萝卜"的方式，即将萝卜削成各种

课题:　　中国传统家具结构研究

意义:　中国古代家具的结构是中国工艺技术史上的一项辉煌成就，是传统家具的精粹所在。经过千百年的发展演变，到明清时期已至巅峰，形成了颇具艺术性的严谨体系。对这一独特的艺术成就，有必要进行科学性、系统性的研究和总结。

内容:　按唐、宋、元、明、清五个历史朝代的顺序，对各时期传统家具的结构、形式、特点进行归类与总结。

方法:　采用实物、文献、工艺三者相结合的方式，在对大量传世家具实物的结构进行剖析的基础上，尽可能全面地结合各类相关的历史文物、古籍绘画、档案资料进行系统研究，并按旧时的工艺制作一套各时期有代表性的家具模型（比例为原物的三分之一至四分之一），以便探索中国传统家具从设计、选料到加工制作的全过程。模型结构为活插榫，可供拆装演示。将研究成果绘制出相关图纸、拍摄照片，配合说明各种榫卯结构和拆装关系。

成果:　1、出版｛中国古代家具结构研究｝专著一部。
　　　　2、制成150件左右有代表性的历代家具模型，以供展览、教学、研究之用。

这是一项很有意义非常重要的工作，也是我想作而未能做的工作。我相信田家青是当今唯一能做这一工作的人。

田家青

1997 年 9 月

王世襄

1997. 9. 20 日

一九九七年，我构思了这项工作的研究方案。王先生阅后十分满意，特以毛笔写下他的意见。

榫卯的结构展现出来。而我就在他们的基础上又将其扩展，在每一个基础结构上发展出诸多的变体。

对于"制作工艺"而言，则包括两个大项：木工制作的工具和木工制作方法。

中国的木工工具之"绝"，足以令世界为之倾倒。木工工具都是工匠自己制作的，看似简单粗糙，但是能轻松解决一些很实际且并不简单的难题。它能做到甚至是如今各类精密机械都做不到的极为精准的调试和修改，具有相当复杂的思想性和功能性。

其实，古时木匠历来把木工工具归入家具类，工具和家具统称为"家伙"，每件工具就是一件木料、铜、铁制成的小型"家具"。木匠学徒一定是先学会制作工具，学会工具的制作、使用和"收拾"，也就掌握了木工的基本操作方法。旧时不少地方的木工学徒出师考核，不是打

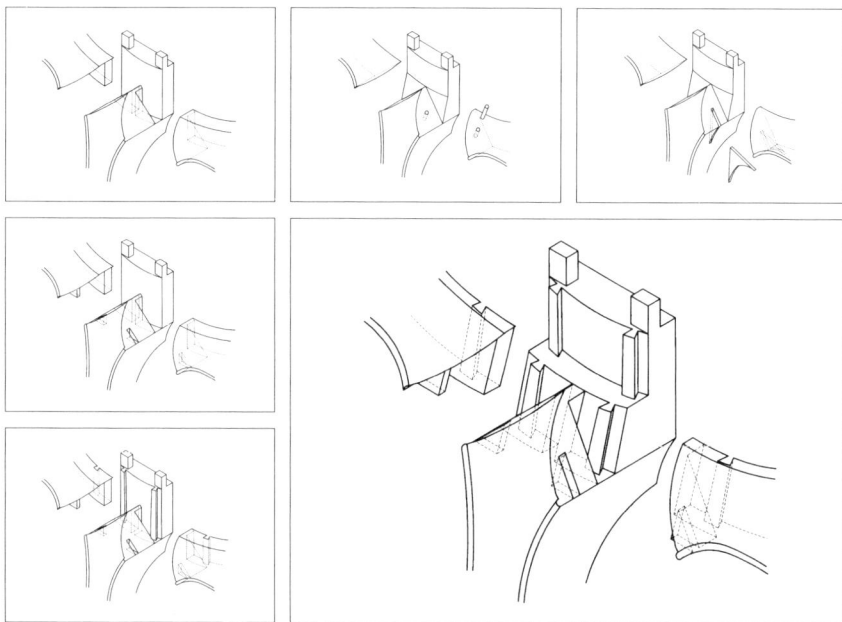

抱肩榫结构，由以上几幅图可明确看到同一结构形式有优劣的多种做法，但从外表却看似都相同。（田家青木艺斋工作室绘制）

清宫旧藏宋代绘画《罗汉图》中的
禅椅（局部），台北故宫博物院藏。

按宋代绘画中的家具复原的可拆结构的实木小模型

实木小模型拆装关系图

造一件家具，而是要自行设计、选料，制作一件木工工具，常常就是一个墨斗（木工画线用的工具），以造型优美、结构合理、做工精细者为上。这只墨斗可能会伴随着出师的工匠风风雨雨走过一生。这种做法的深刻含义，是随时激励工匠建立无所不能的信念和创造精神。

昔日木器行中这种给予激励和自我激励的精神，到现在都特别值得我们学习和借鉴。如今我们总说现在的教育制度难出人才，我觉得关键的一点，就是缺乏这种激励学生无所不能的精神。所以，研究木工工具的意义远远超过了单纯地记录历史上一些以巧取胜的工具的形式和特征。

对于"木工制作方法"的表述，因为属于实践性极强的工艺，我思来想去，接受明代《髹饰录》因有文无图而解释不清的教训，以图为主，文字为辅，一次到位，给后人留下了清楚准确的内容。

对这项课题的研究，王先生特别讲过让我要从人文、历史和思想观念的高度探索，而不仅仅是总结归类古代工匠的技艺技法，这样的研究成果才会更具社会和历史意义。

研究传统木工工艺，更是在研究中国古老的制器思想。中国人奉行天人合一、物我相容的精神。以木器来说，木头的本性就是有收缩变形。因为十分难对付，对此，中国人和西方人采取了不同的处理思路。西方人采取的是强硬的"征服"，钉子钉，螺丝钉拧。结果"倔强"的木头依然变形。鉴于木头是顺纹变形，他们又把木头切片儿，做成三合板、五合板，让木头自己跟自己较劲，但多少年后，这些胶合板必然在木头一年三百六十五日的抗争下开胶完蛋。最后西方人没了辙，干脆把木头彻底粉碎打成渣，掺上胶和树脂等等，再做成压花板或是密度板。这回倒是给征服了，但是木头也死了。而中国人在对待木头时不是持这样的态度。中国传统的人文精神，视木头和木器与人一样，是有生命的，按照对待人、对待亲友一样的态度去对待之，因此才造就了辉煌的中国木器体系。我们要研究的正是这些人文思想和环保意识，例如古人烧柴烘干木料，起出燃尽的柴灰，还可以施肥入地等等，这些思维实际对我们当今人类的生存仍然有十分重要的启示意义。

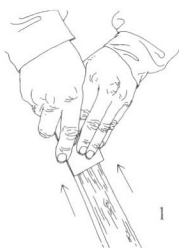

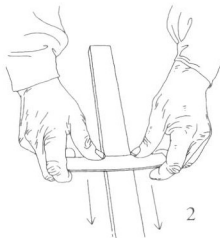

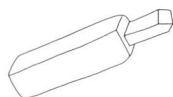

"刮"是传统硬木"平木"的一种非常重要的方法，由于硬木质地又硬又肉，可用"刮刀片"刮，图中展示的即为刮刀片的使用方式。刮刀片刀刃不必锋利，一般为"平磨"，磨好后用图中最后一件（4）工具"振"来修整。 4

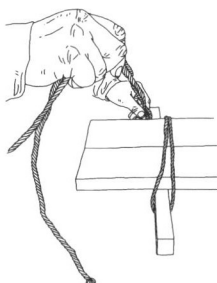

上標棍 步骤 1

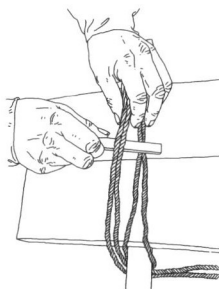

上標棍 步骤 2

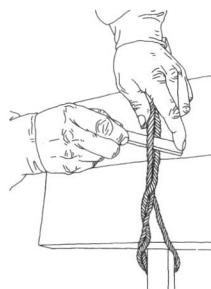

上標棍 步骤 3

上標棍 步骤 4

此图解释的是传统木板拼合的"夹紧"工艺，传统"胶合"用"鱼鳔胶"，干燥的速度非常慢。当时也没有现代的金属卡具，使用的是麻绳和標棍，麻绳要蘸水浸湿。图中展示的是標棍最基本的使用形式。

明清时期木工使用的墨斗（丁海华、王世襄、田家青收藏）

"中国传统家具的工艺技法"这一课题，从王先生鼓励开始，我已经进行了十几年，已经完成了"工具"一项的主要内容，并撰写出了"中国传统木器工具"论文的序言。我给王先生看过，他非常高兴，评价很高。之后，这篇序言发表在文物出版社出版的论文集中 。[①]完成这项工作，还需要很多时间。我相信，这将是我一生能向王世襄先生呈献的最令他喜欢的好书。虽然他已远去，但他曾检读过很多前面已完成的部分。对于这本书的水平，相信他早已了然于胸。

[①] 《明清家具论文集》，田家青著，文物出版社一九九三年九月。

现今我的凹凸斋工作室一角，使用的工具均为早年按照传统工艺亲手打造的硬木工具，使用方便顺手。虽然房间很小，但相比早年用床当作"楞"（木工工作台，见本书第6页），现在的条件要好得太多。

求知不倦

甲戌秋日为

畅青老弟书

襄安

一九九四年，为激励我，王世襄先生手书"求知不倦"。

教诲

　　通常以为，为师之道即传授知识。其实，任何能从书本上习得的知识都是不难的，最重要的知识要靠自我领悟和感受而获得。对于王世襄先生来说，如果你没有足够的能力，没有相关的知识储备和条件，他根本就不会也没办法跟你对话，没法跟你"玩"。从严格意义上讲，在我与王先生相交的三十多年里，他对我有两方面的重要意义：一是用榜样的力量激励我，即使不着言语，也是在无形地督促，使我可以向着一个较高的目标和信念坚持干下去；另一方面就是用他的经验指引我，通过提升眼界和境界来确保不走弯路，合理分配有限的人生。学有良师，是人生一大幸事。

　　王先生常对我说："你有动手实践和自学的能力，又多年在地摊儿上摸爬滚打，和倒爷儿、古玩商贩斗智斗勇，器物识别和艺术品真伪鉴定上也不缺眼力，更不缺乏具体的知识。但眼界要扩展，境界要提升，这才是最重要的。"

　　例如：早年我在言语中常爱用"最好"、"绝对"、"最早"、"唯一"等极度褒扬的词汇。当我又发现了某件好东西时，常会用上面的几个词，他总会打断我说："你应当说，这是至今你所见过的……"

　　记得很早时，我在地摊"鬼市"上看到有一套出自山西的清早期马车铁活，为铁錽银工艺，虽是民间做工，但异常精美，此前我从未见过铁錽银工艺用在装饰马车铁件上，便告诉他："我见到了一套最绝的也是最早的马车上用的铁饰件，真绝，真好！"看到我这股劲头，他并不以为然，说："你只能说是你至今所见过的最早最好的一套，有没有更早更好的，有多少，还难说呐。"

我虽未跟他抬杠，但心里并不服气。觉着这么多年都从未见过，肯定不会再有了。但过了一段时间，竟接连又出现了两套类似的、看来是同一地区的制品。虽然此后我再未见到，但也足以说明当年在那个地区曾有过不止一套，可能还会有更多更好的，只是因各种缘故未能流传下来，或我们没有看到而已。果然，后来听王先生说，他在故宫看到乾隆的马车上也有铁铞银的铁活，异常精美；多年后，王先生又告诉我，他听某位考古专家说在秦墓中就出土发现了铁铞银的马车饰件。

其实，这也是玩宋元明清工艺品的人爱犯的一个通病，把一些工艺认为到明代就很早了，殊不知中国古人之聪慧。

终于有一次，他很郑重地对我说："做研究有几个原则：一、说有容易说无难；二、说晚容易说早难；三、中国如此之大，历史如此之长，天下能人如此之多，见到什么都先别太咋呼，在没有绝对把握和足够证据的论证之下，别把话说绝，有十分把握说七分，十三分把握再说绝。这理儿听着简单，但要真从心里明白、做到并不易，你慢慢儿体会吧。"

从他说这段话的神情、语气和场合，我明白，他跟我讲这番话是有备而言，语重心长。

说实话，我当时三十岁出头，斜着脑袋听着，眨儿下眼，并不以为然。认为这些本来就是人人所知的挺简单的道理。回想起来，做到真正心悦诚服，经历了很长的过程。

三十多年前，我曾见到一对两米多高的圆角柜。圆角柜一般只有一人多高，差不多一米九到两米，于是我觉得这对两米多高的柜子肯定就是最高的了。可没过多久，我又看到一对高三米四的圆角柜。我想：好家伙，这才是最高的了。谁知一九九五年在美国的一座博物馆库房里，我又见到一只高近三米七的大圆角柜。我当时一惊，断定"没得说"，这一定是最高的了。可不曾想回国之后，又见到一对高近四米的髹黑漆的大圆角柜，这对柜子原来是摆放在某个大庙里的，雄壮震撼。这次我心想的是，它八成还不是最高的呐！

明黄花梨圆角柜

17世纪，宽84厘米、深43厘米、高181厘米，明代式样标准的黄花梨圆角柜，是诸多传世圆角柜中比较规范和优秀的一对儿。（退一步斋提供）

随着眼界的开阔和提升，我愈发认识到王先生所教诲的简单道理中蕴涵的深度，并最终自觉地开始遵循这一准则。这一准则更实质的作用在于使人发自内心地谦虚，而这正是人能不断进步的重要条件。

　　世界上许多事理，听上去极为简单，可真能从内心接受并以之指导自己的思想和行为，实为不易。

　　我认识王先生时二十多岁，正是人生观、价值观形成的时期，后逢社会改革和经济发展的巨变，对于当时年轻人，可以说诱惑多多。此外，人性中还有三种常见的缺陷：自大自负、好高骛远、好为人师。若想在人生道路上克服人性的弱点，朝着既定的方向努力开创并行之以恒，除个人志向，也需要外力帮助和督导。我曾经面临几个"十字路口"，在做出人生关键决定时，王先生对我的影响，起了至关重要的作用。

　　记得有次说起来某高段位专业围棋手在规定时间内接受几个业余高手的挑战，基本能全赢，还有的象棋高手能蒙着眼睛与业余棋手对弈。王先生对此颇不以为然，说："这过的是什么瘾呢？瞎显摆，还不够耽误工夫的呢！往轻了说，没大出息，往重了说，属不务正业，有本事你擂台赛上把日本高手都给'瓴'①下去！若老玩儿这一套，他这个段位只会往下出溜儿，上不去了。"

　　话虽说得在理，但作为一个年轻人，做出一点儿成绩难免想表现表现。要想克服这样的人性缺陷，总要经过一个过程。一九九一年，《中国日报》(China Daily) 采访了我，刊出一篇报道，整整一版，还登出我的一张照片，让我挺得意的。

　　这篇报道的影响还真挺大。北京当时有一个由外国驻华使节和夫人组成的"中国文化学会"，他们看过这篇报道后，邀我去聊了聊，就

①"瓴"，当年的口头语，有点像当今"灭了"的意思。

正式邀请我开设讲座，目的是加深各国使节对中国文化的了解。与此同时，已有几位颇有名气的文化名人在给他们做讲座。

我去讲过十几次，每次以不同的题目，在不同国家的大使馆讲授，经常由大使专车接送。讲完后，大使和夫人设宴招待，往往还会请友好国家的大使和夫人作陪，我坐在主宾上座，让人感到八面风光。那年代，别说赴驻华使馆宴饮，连去饭馆吃顿饭的机会都属罕有。在这种华美的环境和氛围下，当然会有点陶然自醉。

我的讲座显然颇受好评，来听讲的人一次比一次多。记得有一次在亮马河昆仑饭店对面的荷兰大使馆，我提前半小时到，看见马路两旁的小轿车已经排成了长龙，往东的一排车已排到三环边上，那阵势，气派极了。那时，《北京晚报》介绍北京人中只有白雪石先生有辆私人小汽车，街上高档的小汽车还不多。

来华的外交人员，确实有较高的艺术修养，对学者也非常尊重。那时我有个名片夹子，里面满满当当插列着各国驻华大使和国际机构官员的名片。他们的文化程度也很高。我的讲座总留出一小时自由问答，他们的问题，有的不用过脑子想，耳朵听着，嘴上随口就答，有的则有相当的难度，让我答不出来。真有点儿像专业棋手跟业余棋手下棋，大部分赢，少量地输，感觉相当过瘾。有一次，我给他们介绍古琴，我将几张中国历史上最著名的不同式样的古琴，有仲尼式、蕉叶式、连珠式等制作成了幻灯片播放。

先是讲了古琴的鉴赏，最后讲如何从中国文化及对应的典故上来品味古琴的造型之美。讲着讲着，看着下面坐着的不少西方发达国家的外交使节，一个一个红光满面，还都挺拿着劲儿。而在九十年代初，相比之下，中国的经济还刚刚起步，街上看到的一些百姓脸色还透着是绿的。感觉这些老外从骨子里就有一种傲人的劲头儿。我看着看着，心里就有点儿来气，于是就想到借此机会，略施言辞，小"挤对"他们一下。

等讲完古琴的造型之美之后，我就说："你们看，对比中国的古琴，

一九九一年，在意大利大使馆作中国文化讲座。

你们西方的小提琴、大提琴的造型都是来自人体的曲线，竖琴也是一样，一点儿都不含蓄，你们想想，西洋乐队的演奏者，抱着这样的乐器演奏，那演奏出的乐曲能像中国古琴演奏出的古曲一样么？中国古琴的演奏，要的是境界、责任感和深沉。同理，中国的宋元水墨绘画和西方的油画相比也一样，完全是两个境界，不用说，汉文化的境界高得不是一层两层。"

也不知台底下是哪个国家的大使让我说得心里不舒服了，也不服气，等到提问的时候，他站起来说："您刚才说小提琴和大提琴外形不够含蓄，那你们中国民乐里的琵琶，不仅线条来自人体，而且好像还是个立体的，演奏时还抱在怀里，您怎么解释呐？"当时听着底下就有一阵窃笑，可能是大家（全都是外国人）都想看我下不来台的尴尬样。我大声地回答说："您说得太对啦！您回去查查去，那个琵琶根本就不是我们汉文化的产物，那是从你们那边传进来的，我们中国文化中很重要的一点就是：尊重别人，既然你们都这么抱了，那我们只好凑合

48

着抱着吧。"说完后，台下是一片哄堂大笑。一场讲座下来，就跟一场相声似的。

实话讲，这些都是小事儿，玩笑，但客观说，外国人有一点不错，就是他们能比较正确地对待批评和讽刺，只要你让他觉得你说得对，说得有道理，你越挤对他，他还越服你，越尊重你。这些事，当时都觉得特有意思，但过后静下心后想想，就又觉得挺没劲的，这样的讲座讲下来，虽然嘴皮子是越练越顺，可并不能真有长进。

我当然知道，在王先生眼里，这事儿还不够瞎耽误工夫的，所以一直没有告诉他。后来出了件事，不说也瞒不住了。

一九九二年的一天，我工作的石化研究院负责外事的汪副院长把我叫去，神色紧张地问："彭定康怎么会认识你？"彭定康（Christopher Francis Patten）时任香港总督，我说并不认识他。汪副院长说外交部收到英国方面的照会，总督来华期间，英方希望我接待总督夫人，他还说，这样的话我就得作为英方工作人员，承担相应的责任。我当时就懵了。副院长又问为何英国大使馆知道我的地址，我回答曾去英国大使馆做讲座，但都是在节假日期间，宣传的是中国文化。除此之外没有其他来往。第二天，老院长又把我叫去，告诉我，香港总督彭定康这次来京，是香港回归前唯一一次访问大陆，他夫人爱好艺术，曾经在大英博物馆担任过义务馆员，来京的两天时间中，想多了解一些中国文物知识。我国外交部和港澳办本打算在总督夫人来华期间，派一位故宫专家接待，但英国大使馆坚持由我接待。外交部和港澳办公室说不知田家青是谁，在哪里。英国大使馆便给了他们我的名片，名片是我出国时院里统一制作的，只有英文名字和我院地址。这才找到了我的单位。最后经组织审查，弄清来龙去脉，确认我是一位好同志。港澳台办公室热情地与我联系，建议让我改作为中方的人员，派去参加接待。我当然高兴，也很客观地向彭定康夫人建议除故宫、颐和园等著名文化景观之外，还可以去参观其他一些地方，包括炎黄艺术馆和王先生的收藏。结果她最感兴趣的是想看看王先生收藏的明式家具。

中华人民共和国国务院港澳办公室

中国石化科学研究院：

　　香港总督彭定康十月二十一日至二十三日访问北京期间，你院田家青同志参与了接待港督夫人的有关活动，为港督夫人参观古代家俱收藏做了大量的组织、接待工作（包括翻译工作），受到客人的好评。对你院和田家青同志的支持与合作，我们谨此表示感谢。

国务院港澳办公室二司

一九九三年十一月二日

英国驻华大使馆交给外交部的是石化研究院派我出国时制作的英文名片。"家青"的拼音"JIAQING"被港澳台办公室音译为"家庆"。

任务完成得不错，港澳台办公室特地给我院写了一封致谢信，英国大使夫人也亲笔给我写了一封很长的致谢信。

这事儿就这样让王先生给知道了。谈及此事，我说丹麦、荷兰、法国等几个欧洲国家在北京的大使馆，在民国时期收藏了一批精美漆器，有的都够元代，现仍陈设在使馆中。这些器物在其他地方很难见到，我去讲座，顺便能看看东西，正好也是调研。再说，还能练英语溜溜嘴皮子。王先生知道我这是跟他打哈哈，只笑着扔给我一句话："你的外语也用不着在那儿练，去就去了呗，甭拿这个说事儿！"

没了借口，我就逐渐谢绝了这种活动，专心下来全力开展清代家具课题的研究和专著的编写。

宣传中国传统文化当然也是正事儿，只不过应该是"社会活动家"，而不是由搞学术研究的人来干的事儿。这样下去嘴皮子倒是会越来越溜儿，但实干精神也许就会减弱。说起来，对于当时年轻的我来说，损失的并不只是那点儿时间，更多的是心境，人会分了心，散了心。

现在回想，那时我正在热头儿上，如果继续顺这条路子走下去，人生很可能会走上另外一条路。王先生虽然从不直接阻止我，但他的神气和身教，足以令我收心敛性。除了他，当时没有任何人能有足够的力道制止我。

王世襄著述草目

1	题画诗研究	1938年燕京大学毕业论文	未刊
2	中国画论研究（玄素至唐）	1941年燕京大学研究院毕业论文	未刊
3	中国画论研究（宋至清）	1943年写成	未刊
4	中国古代音乐参考图片 1—5辑	1954—57 音乐出版社	
5	民族音乐研究所古代音乐陈列室说明	1957年音乐研究所印本	
6	中国古代音乐书目	1961年7月音乐出版社	
7	髹饰录解说	1959年自印油印本 附贴照片	
8	髹饰录解说	1958年5月自印油印本	
9	同上（增补修订本）	1983年文物出版社	
10	高松竹谱（手摹明刊本）	1955年5月人民美术出版社	
11	顾山竹谱（同上摹本）	1985年6月香港大业公司精印本	
12	画学汇编	1958年6月音乐出版社	
13	清代匠作则例汇编（佛作门神作）	1959年5月自印油印本	
14	同上（石作、彩画作、漆作、油作、泥金作、镶作）	1963年自印本，1965年9月香港翻印本	香港中美图书公司
15	铁作、铜作、装修作等	1964年写成，部分已自印	
16	赵州大石桥校记汇编	1965年	未刊
17	竹刻艺术	1980年4月人民美术出版社	
18	Bamboo Carving of China（英文）	1983年纽约华美协进社印本	与翁万戈先生合作
19	明式家具珍赏	1985年9月香港三联书店	
20	同上（英文本）	1986年9月 〃 〃	
21	同上（法文本）	〃 〃	
22	同上（德文本）	1989年	
23	故宫旧藏铜镜雕漆	1985年10月文物出版社	参加编选并故宫家珍龙明

24	中国古代漆器	文物出版社 1987年	可作为髹饰录解说附图
25	Ancient Chinese Lacquerware（中国古代漆器英文本）	Foreign Languages Press 1987	
26	中国美术全集（竹木牙角部分及说明）	文物出版社 1987年12月	编篡委员之一
27	中国美术全集 漆器	文物出版社 1989年7月	
28	明式家具研究	香港三联书店 1989年6月	又创编商务书局本《明式家具研究》英译本
29	Connoisseurship of Chinese Furniture	Joint Publishing (H.K.) Co. 1990	
30	北京鸽哨	北京三联书店 1989年8月	
31	竹刻	人民美术出版社 1992年6月	1986年交稿
32	中国鼻烟壶珍赏（其他数部分）	香港三联书店 1992年9月	
33	说葫芦 The Charm of Gourd	香港壹通出版	中英双语本
34	蟋蟀谱集成	上海文艺出版社 1993年	

王世襄先生八十年代早期给我的一份由他手写的著述草目

激　励

开创性的研究工作，极其累人累心，须下苦功，超出常人想象。而将成果总结归类，写出有分量的论文，或按照高标准、严要求去完成学术性专著并付梓出版，更是一个熬精费神的过程。

依照王世襄先生出书的标准，每本书的内容必须全新，观点明确，考据翔实，方方面面容不得半点马虎，常有为了一句话就要花很长时间东奔西走，查阅资料、寻求实物、安排拍照，凝聚着辛勤的汗水和心血。如此著书，以"呕心沥血"来形容，绝不为过。

出版学术书籍，不仅没回报，还要自费。为了做事业，这都不算什么。可是，对比"文革"刚结束时全社会那种酷爱读书之风，近年来能真正静下心来读书做学问的人，越来越少。我自己就曾有过思想波动，想不通：为何苦了累了，出的书还没有人看，真让写书的人寒心、纠结，好比大厨费尽心思做了一桌宴席，却没人来吃，其内心感受，可想而知。

出了书，无人读，令人叹息；出了书，却遭人歪读以牟取暴利，则简直令人愤慨。一九九五年，《清代家具》一书总算是出版发行了，本来是值得高兴的事，但后来发现的问题却令人纠结。我发现这本书快变成家具商制作仿古家具的参考图录了。近十几年来，市面上出现的古典家具，明代样式基本上出自王世襄《明式家具珍赏》，而清代式样则很多出自我这本《清代家具》。式样好的传世精品必遭仿制，这在出书前我就有思想准备。但情况比原先设想的严重得多。

还有一点让人始料未及：当年我们拍摄几件家具照片的时候，答应提供藏品本主的条件和要求，为防止以后被仿制而难分真伪，在书中标注一个错误尺寸，正确的尺寸暂且保留，待适当时机公布。我想人家主人的这个要求是可以理解的。为此，我还颇费心思，将整件家具外形尺寸的长、宽、高标注是正确的，而使用一个不影响整体的错误尺寸，且与原物的比例误差相当大。例如有一把扶手椅，其通高和其他的尺寸是准确的，唯坐面距地的高度标注得矮一些。我原本想，若有仿造者，一看便知道这个尺寸不对，又猜不准原物的尺寸，他可能就不去做了。但可怕的是，后来市面上出现此椅式样的仿制品，尺寸大小竟与书中标注的错误尺寸一模一样，全盘照做。这样一来，一把椅子，上下身比例失调，难看至极。其实，书中标注的尺寸与实际误差之大，肉眼都感觉得出来，按比例用尺子量一量，就可发现问题。可仿制者们竟没量过，因此很多采用紫檀料的仿品，竟是按照失真比例造出来的。真真可惜了天物！

更离谱的事情是，书中有一件家具是按45度角加以拍照，致使家具上的一面圆形开光由于透视变成了椭圆。万没想到，以后此件家具的仿品，竟清一色制作成了椭圆开光，而这些畸形的家具却还都能卖得出去，真让人匪夷所思。

因此种种，《清代家具》这本书也带给我许多痛苦，觉得反而招致了珍贵木材资源的浪费，颇感内疚。

另外一件事还证明了并没有多少人在认真看书。

古玩界历来对紫檀的鉴定有一种谬传很广的误说：将紫檀末放入酒精中浸泡，真紫檀呈现红色，而红木则不会。此种说法从民国流传至今，不知骗倒了多少人。二十多年前，我就对此做了实验，证明：凡带颜色的或是被染色的木料放入酒精或白酒中均会掉色，而且红木浸泡出的颜色与紫檀浸泡出的颜色并无太大区别。有些颜色深的红木甚至比色浅的紫檀泡出的颜色还深（同一种木料，不同的个体间颜色是有所不同的，一般而言，紫檀比红木色深，但有的个别紫檀木料颜色很浅）。我将这个结论写在《清代家具》一书的附录一《紫檀和紫檀家具》一文中，而且是以一个段落来写，很详尽，注录中还介绍了实

《清代家具》出版后，此对多宝格成为了最普遍被仿制的清代家具，以致在各地家具店，甚至清宫题材的影视作品中，几乎都能见其身影。

自《清代家具》一书一九九五年出版以来，出现无数此椅的仿制品，也说明其在设计上的成功。

验的方法和所用的试剂。此书从出版至今已十几年，五次再版发行，但酒精浸泡鉴别紫檀真假的这个伪命题，不仅没有减少反而越来越盛行，越传越神。这说明热衷木器的人读这本书，大多只是浏览图片，并没有多少人真正认真阅读过文字，而这一段内容是我花了不少的时间和精力，以科研的严谨方式和方法最终总结出来的。

有一件事情，虽小，但挺让人沮丧：新千禧年之初，一位海外收藏家和顾问打来电话，说看到北京某拍卖公司寄去的拍卖图录，对其中一件宋代瓷器极感兴趣。两人已对照拍卖图录中的图片研究过一阵子，尺寸清楚，就不知为何起拍底价标得那么低。他们委托我到预展现场，帮忙检看原物的保存状态如何，起拍价低，是否为一件残器？正好我也收到了这本图录，便立刻找出来与其对照。这件器物在图录中以整页篇幅介绍，上面大半页为瓷器照片，下有几行注释。看后，我非常不解，便问："您要让我去帮您看什么呐？"他说"要看看状态"。我奇怪地问："这页图录中写得很明白啊，其中一句话说得很清楚，这是一件残器。"对方顿时恍然大悟，说："咳，我们怎么没看见这句话呐。"其实，这一页除了照片，统共才有四行文字：第一行器物名称，第二行尺寸，第三行为器物说明和保存状态，最后一行为估价。他们看了尺寸和报价，唯独第三行写得清清楚楚地说器物有残，竟没看到或者说是根本没去看。

这件事让我越想就越有气，可能是因为正巧撞上了我对不用功、不上心读书现象厌恶的这根心理上的"麻筋儿"。这位藏家也是王世襄先生的朋友。如此重要的收藏家和有学问的顾问，竟连这四行文字都不看全了，这当今还有人看书吗！我满肚子气，拿着这本拍卖图录，将此事告诉王先生。我说："他们两个人四只眼能看上看下琢磨个遛够（"遛够"老北京话，表示没完没了），却愣没看见这段文字，真算得上是大本事，都算得上是特异功能了！"王先生拿过去看了看，好像并没有生气，反而乐了，说："他们就知道看画片，真泄气。"（"泄气"是老北京话，有不给劲儿的意思，在这里，王先生用词很得体，因为两位都是挺有身份的人士，若以"不争气"、"没出息"来形容不太合适。）我是想向他说明，社会似乎已经进入到了一个不再学习、不再看文字的阶段，写书真冤。我把我的这些经历和困惑告诉过王先生，可他并不怎么介意。他认为书很神圣，粗制滥造、乱出烂书是罪过，可憎。而有没有人看书，倒没什么大不了的。他说，学术性的文章和书籍，本来就不是给所有人看的。不够水准的人，还不配看呢。这类著作面对的是历史。只要有人看懂，能承传下去，就够了。

有一次，陪王先生去参加一个讨论覆刻宋元古籍的会议，其中会上谈到的有些书在历史上已经有过翻刻、覆刻、手抄、影印。回来的路上，他笑呵呵地说："你看，这些书，若按照每年有十个人看，一千年下来还有一万个读者呢。关键是书有没有历史价值，是否值得承传下去，而不在乎当今有没有人看。"所以王先生对社会上不读书的风气，只是挖苦挖苦，并不在意。而且，每当他发现我情绪低落时，总会笑呵呵地开导开导我，说说当年他想出书都没门儿的那些故事和那时的苦闷心情。例如王先生从一九四九年开始编著整理《髹饰录解说》，到一九五八年总算整理完成。可根本没有地方出版，只好手录整本书稿，送到誊印社影印。没想到当时为防止社会动乱，鼓励群众相互检举，誊印社的人将此书稿上交王先生单位的领导。王先生在《我与〈髹饰录解说〉》一文中回忆道：

> 一日在研究所门口遇见誊印社来人找党委送审我交印的稿件。顿时我大吃一惊，感到将有大难临头，惶惶不可终日。

果不其然，民族音乐研究所中层领导得知此事，认为王先生在"放毒"，准备开批判大会。幸好有所长的保护，才逃过一劫。他说，如今社会稳定了，有条件安心用功就该知足。再苦，也比为出书天天要死要活担惊受怕强多了吧！

除了说这些大道理，他也会时不时赠送我一点儿东西，给我点"激励"。以下就是挺有意思的五件"激励"。

劳心累神编辑《则例》

这是大约上世纪八十年代中期王先生赠送给我的一套复印的《匠作则例》。

要知道当时复印还相当贵，我清楚地记得，复印一页证件，要用去一天的生活费。那时，王先生家里的生活也挺紧的。他复印这样一本书，代价非常高昂。他这么做显然有两个重要的目的：一是他当时手里只有一套原本，复印一份放在我这里可以备份，以防原件万一丢损；二是为了告诉我，他做此事煞费的苦心，由此给我做个榜样，鼓舞士气。

从上个世纪六十年代，王世襄先生着手对匠作则例进行资料搜集和整理，试图编辑《清代匠作则例汇编》。往往要为了一个词或一个术语，花上难以计数的时间和功夫，而且早年没有一个出版社会愿意出版这样的书。所以要自己抄写、油印，自己出版分发给朋友。此书小楷手抄，其用途常人难以触及，属于专业级别的工具书籍。对于受众如此之少的一部工具书，其编著的难度同样也是常人难以想象的。

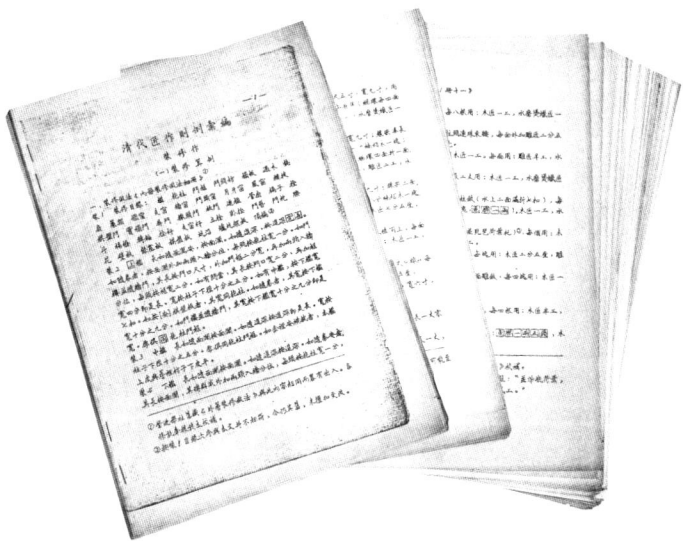

王先生采用如下的方法和步骤：

（一）搜集清代匠作则例并为之编目，计得七十三种。

（二）统计作数，计有四十三作。

（三）为每一种则例写一提要，对编者、版本、时代、来源、内容作简略的说明。

（四）按作汇辑，将出现在若干种则例中的同作则例集中在一起，汰其重复，注明出处，依内容作出适当的编次，逐条编号，冠以该作的简称。

（五）为每作写一篇概述。

（六）将各作的器物、部件、做法、材料等各名称、术语摘出，编成索引，下注所见例号。为每条索引写简释。预计索引条数当以万计，编成后可为建筑、工艺撰写提供大量条目，并为《匠作则例》的进一步研究打下基础。

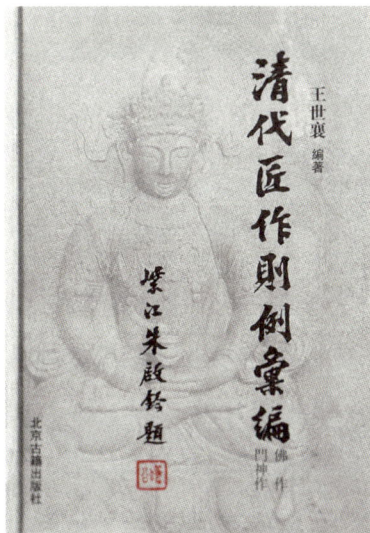

《清代匠作则例汇编》最终于二〇〇二年由古籍出版社出版，圆了王先生的夙愿。

执着的著述

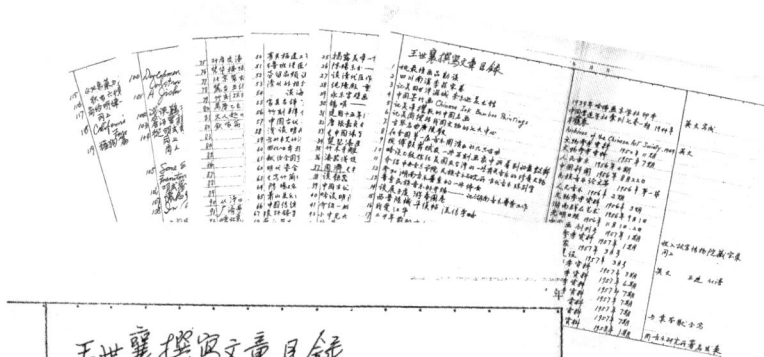

王世襄撰写文章目录

1 姚最续画品勘误
2 四川南溪李庄宋墓
3 记美国泽港城 奈尔逊美术馆
4 中国墨竹画 Chinese Ink Bamboo Paintings
5 记美帝攫取的中国名画
6 记美国搜括我国文物的七大中心
7 古琴名曲广陵散
8 在全国第一届音乐周演出的几只古曲
9 从傅毅舞赋及一些石刻画象中所看到的盘鼓舞
10 略谈已被掠往美国及台湾的一些有关音乐的珍贵文物
11 介绍中央音乐学院民族音乐研究所古代音乐陈列室
12 参加湖南音乐普查的一些体会
13 普查民族音乐的开端——记湖南音乐普查工作
14 谈展子虔游春图卷
15 西晋陆机平复帖流传考略
16 我爱江华
17 二千年前的古乐——《广陵散》
18 记修整壁画的"脱胎换骨法"
19 呼吁抢救古代家具
20 记安徽省博物馆所藏的元张成造剔犀漆盘
21 《髹饰录》——我国现存唯一漆工专著
22 扬州名漆工卢葵生和他的一些作品
23 朱桂辛先生所编《漆书》即将出版
24 信阳战国楚墓出土乐器初步调查记

一九九三年时王先生赠送给我的，他至一九九三年为止所撰写的文章目录。从字迹看，目录前几页是师母手写。

60

无奈的合约

以下的一份合约和两封亲笔信是二〇〇二年王先生交给我的。

一九八一年，王世襄先生将自己花费四十多年心血编写的《明式家具研究》一书交给文物出版社出版，后来香港三联书店主动提出愿与文物出版社合作出版，他们背着作者王世襄先生签订了以下合约。

文物出版社（以下简称甲方）与生活·读书·新知三联书店
香港分店（以下简称乙方）为合作出版《明式家具研究》和
《明式家具图册》签订协议如下：

一、甲乙双方经协商同意，决定合作出版王世襄主编的《明式家具研究》（以文字为主）和《明式家具图册》（以彩色图版为主）两书。

二、两书由乙方在香港出版中文版及英文版，并以印张供应甲方在北京出版文物版。

三、两书中文版全部原稿须于1984年5月—11月底前交付乙方。《明式家具研究》英译稿交稿时间另议。《明式家具图册》英文稿须于1984年12月底前交付乙方。

四、两书编辑工作由甲方负责；美术设计工作由乙方负责，排版及图版制版由乙方负责。

五、两书照片拍摄、图稿绘制文字稿费，由甲方承担。英文翻译费以及排版、图片制版等费用，由乙方承担。乙方并向甲方提供拍摄用背景纸十卷，灯伞两套。

六、乙方向甲方提供中文版《明式家具研究》内页印张1500册，中文版《明式家具图册》内页印张1300册。

七、甲方将两书的世界各种文版版权转让与乙方。

八、双方同意，香港中文版不内销，北京中文版不外销。

九、本书海外每种文版出版后，乙方向甲方送样本5册，国内版出版后，甲方向乙方送样本5册。

十、本协议双方盖章后生效。如有未尽事宜，双方本着平等互利的精神，通过协商解决。

十一、本协议中文一式两份，双方各执一份，具同等效力。

甲方
文物出版社

乙方
三联书店香港分店

1984年10月16日代章

86年9月24日

当年文物出版社和香港三联书店是在王先生完全不知情的情况下签的此份合约，此复印件是一九八五年八月王先生知道此事后从香港三联书店获得的。文物出版社竟将这两部书的"世界各种文版版权"都"转让给了三联"（见合约第七条），当年，我国还没有《著作权法》，且大陆作者不能与境外出版机构联络出版，才导致了这种荒唐事的出现。

项吓文字

1984年10月，北京文物出版社和香港三联书店联合出版拙作《明式家具图咖》（后改名为《明式家具珍赏》）及《明式家具研究》。這是两家出版社背着我在我完全不知情的情况下签定的合约。香港三联书店的负责人和签约者是肖滋先生。文物出版社签约者是王代文先生。但当时他在病中。文物出版社的实际负责人并合约策划者是社长杨瑾女士。

《明式家具珍赏》于1985年出版后，《明式家具研究》被本人收回，另订合同，交香港三联书店独家出版。此时肖滋先生已退休，香港三联书店的负责人吴羞秀王女士。

2002年　月王世襄补记

15×20=300　　　　　　　　　　文物出版社稿纸

二〇〇二年王先生给我的关于这份合同的说明

我想在我今后的出版物中发表这份合约并加简短的说明（见附纸）。说明只谈事实，不提任何意见和要求，更无谴责或讨个公道之意。只想诚读者知道当年出版社是这样对待作者的。

二〇〇二年王世襄先生给我的一封信中谈到这个合同，表明他并无意要求什么。后来，王先生曾特别说明：对此事，他无意再多说什么，更没有任何要求，且后来与文物出版社和香港三联书店也建立了很好的关系，两家出版社又出版了王先生的新书。

62

恼人的粗劣印刷

竹刻、漆器都是中国艺术品中极为重要的门类，可惜与书画瓷器等相比，一直不太被重视。王先生一生都在努力推广和发扬这两种艺术形式，希望被世人认知。

王先生当年将《竹刻》书稿交与出版社，可没想到成书竟如此低劣。王先生为此大为恼火。每出新书，赠与朋友是他的习惯，有时还亲自上门送去。可这本书的印刷实在太差，在这样的书上题跋他都觉得丢人。于是在每本书中夹写一张字条，或可称为书铭，以表心中的愤懑和歉意。

我记得《竹刻》最后一版文稿是他亲自正楷手抄（一般最终的成稿一定是他不怕辛劳亲自手抄），每一个字都写得极其认真漂亮。出版社未将原稿还回，真盼以后可能会重新出现于世间。当你亲眼看到这部书的原稿时，就会知道王先生为此花费了多大的功夫！

我还记得当天的情景。王先生打电话告诉我，《竹刻》的书出来了，让我赶快过去。因为有点儿事耽误，到他那儿时已是夜里。大案子上零零散散地铺满了复印的赠书书铭，他正在一张张填写要赠与人的名字。见我来了，他拿起一张，抑扬顿挫地大声念起书铭："交稿长达七载，好话说了万千。两脚跑出老茧，双眸真个望穿。竖版改成横版，题辞页页倒颠。纸黯文如蚁阵，墨迷图似雾山。印得这般模样，赠君使我汗颜。"他铁青着脸，越念越生气。念完一抬头，看见我在那笑嘻嘻地听，瞪了我一眼说，"你还笑！"我说，"您念完了也就出了气了吧？""出什么出，你看看吧。"然后才把书递给我。我一翻也愣了，心一下沉了下来，此书的印制装订实在太不像话了，从版式、用纸到印刷质量，可谓惨不忍睹。出书的过程，我全知道。王先生为此书花了不少工夫，编写费了不少力气，书中的彩图都是孙之长等几位专业摄影师拍摄的，而且有的还都是四寸乘五寸的大尺寸彩色反转片，没想到竟印刷得如此糟糕，有的图就像个大墨团。我一边翻看一边诧异：

《竹刻》，王世襄编著，人民美术出版社一九九二年。原本拍摄得极好的大幅彩色反转片，竟被印制得似一个个大黑墨团，真气煞人。

这本书在美编制作时，我还看过小样，怎么印得跟以前出版社答应的竟如此不同！王先生就此事前前后后，如何如何，给我讲了起来。说着说着，他气又上来了，而且越说火越大，最后随手抄起桌上一支黑笔，拿过一张书铭，在左上角空白处（本应填写受赠人姓名处）又写了两句："再加两句：不料出版厂社，心中竟自泰然。"然后将其夹在书的扉页，气呼呼地递给我说："你留着吧。"

总之，这本书实在是出版社做得太离谱的一件事。由此我也接受教训，出书一定要全程盯到底，即便如此仍可能有闪失。

炎稿長達七載　好話說了萬千

兩脚跑出走上前　雙眸真個望穿

豎版改成橫版，題辭頁之倒顛

紙黑文如蟻陣　墨達圖似霧山

印得這般模樣贈君　使我汗顏

再加兩句：

不料出版勵社

心中竟自泰然

先生一哂

王世襄奉

苦尽甜来

《髹饰录解说》一书，王世襄先生从一九四八年就开始撰写，到一九五八年大致完成。那时他刚被划了右派，写出来也没有地方敢出。他自己花钱刻蜡版，油印了两百份，免费送给各大图书馆、艺术院校、工艺美术工厂和研究所，作为漆工艺的参考书。书的封面上，只印了自己的号"王长安"，连名字都没敢署。

好在还有印得令他满意的书。《髹饰录解说》一九九四年终由文物出版社出版，总算了了王先生的一个夙愿。这本书虽然难说做得多么精美，但总算没有大的硬伤，在那个年代印成这样，已经算很好了。

这次他给我送书时心情极佳，仔细研了墨，用一支很好使的小笔反复搋墨试了几次，很潇洒地在书的扉页上写下赠题。那天他喝着茶，

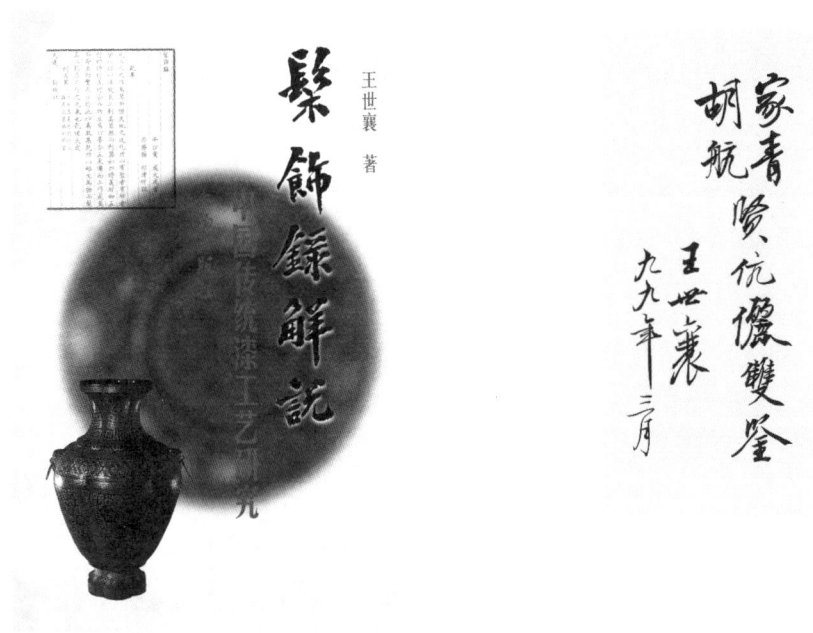

王先生在书的扉页上写的赠题。

和我东西南北地谈天说地，看得出来，愉快极了。

　　书，在王先生心目中极其神圣。近些年的名人出书热，导致市场上流行的有些书刊层次太低，让他觉得是对书的极大侮辱，难以忍受。一次，他告诉我：媒体报道，一位著名主持人出版了一本书，在某二线城市一座皮鞋城签字售书，买一双皮鞋，就能得到一本他亲笔签名的书。这事让王先生很窝心，跟我叨叨过几次，每次都愤愤地说："唉，真有出息！"

　　王先生擅长用最简单的一个短词来准确形容某件事情的本质和核心。但他很宽容，一般说人但不损人。这次是我记忆中王先生对他人用词最尖刻的一次。看来他认为这种行为是亵渎了书，这回是撞上了他爱书、珍视书的这根"麻筋儿"，真把他气着了。

在王先生的激励下，至今我也出版了多部著作，这些书王先生都看到了，我相信这也是对他最好的"回报"。

不同版本的《清代家具》全家福。从左
至右，一九九五年首版、二〇一二年简
体字大陆中文版、二〇一二年修订版、
首发式招贴、获奖证书、一九九六年英
文版、一九九六年 Philip Wilson 英文版。

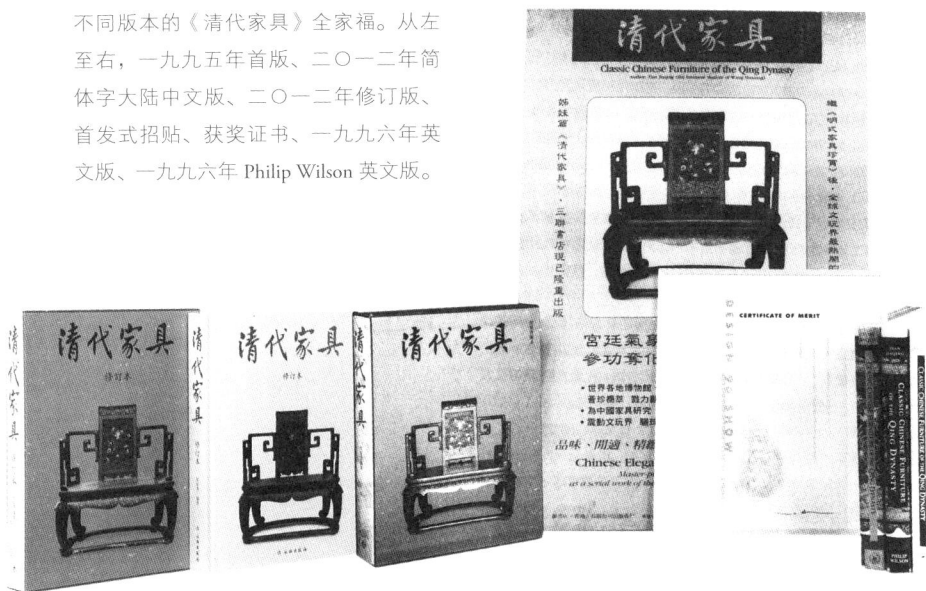

　　《清代家具》，田家青编著，由三联书店（香港）有限公司于
一九九五年十一月首次出版发行，是此领域的第一本学术性专著。至今
已五次再版，并译成英文版发行，二〇一二年五月再度新增修订本，文
物出版社出版发行中文简体字版。——编者按

提 掖

二〇一二年五月，香港三联书店与文物出版社联合中国嘉德国际拍卖有限公司，为《清代家具》修订本在北京筑中美术馆举办了发布和展览。《清代家具》一书，出版已近二十年，修订本不仅在内容上作了增补，更为重要的是，扉页上加印了题辞：谨以此册纪念王世襄先生。

整个活动的开幕，没有发布公告，没有请媒体宣传，形式平平静静，而办实事、不张扬，恰是王先生做事的精神。我觉得，只有这样，才是对他最好的纪念。同时，我写了一篇回忆《清代家具》出版过程的文章，使我再度回想起出书前后王先生所给予我的巨大帮助。

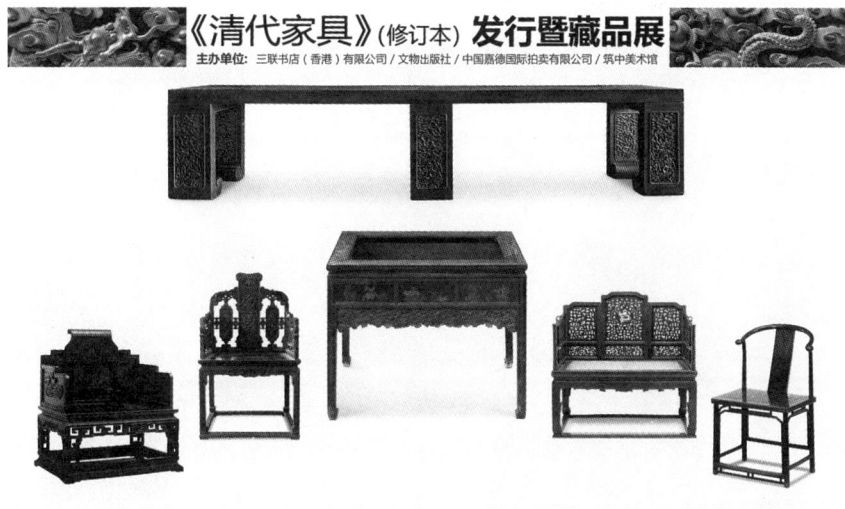

二〇一二年在北京举办《清代家具》（修订本）发行与展览活动的招贴

謹以此册
紀念
王世襄先生

修订本《清代家具》的扉页图文，此扉页的背景图选自一件清乾隆小宝座的靠背，此件小宝座是一件典型苏作风格的清宫家具，所嵌的雕饰件是文雅的古玉图案，是一件极为优秀的清代紫檀宫廷家具。当时王世襄先生见到过此件小宝座，他很喜欢这个雕饰，给予了很高的评价。

其实，出版《清代家具》一书，是我的夙愿。但能坚持到最终完成编著和出版，离不开王先生的鼎力相助与巨大支持。

上个世纪八十年代，我目睹了王先生《明式家具研究》出版及后期制作的全过程。初印书样从香港寄来后，我几乎每天都去他那儿看。记得最后校稿，他让我逐字念一遍书中的器物说明，他半闭着眼睛细听，删除个别多余的字，若有听上去不流畅的句子，则稍加调改。我发现，这是一个修改文稿的好方法，师母戏称之"挑废字"，往往一篇已经写好的文章里，还能挑出不少废字。

王先生也开始鼓励我：下下工夫，编写出一部清代家具的专著。这是一个全新领域，可读到的参考资料几乎为零，于是他将多年来为编写《中国家具史》而收集的所有相关清代家具的资料，包括早年请摄影师刘光耀先生拍摄的十几幅有代表性的清宫家具照片，全部交给了我，之后一旦发现任何涉及清代家具的信息，总会在第一时间告诉我。

更多的支持则是在精神上：清宫家具无疑是清代家具中最重要的一类，而我面临的最大困难，是如何找到尽可能多的清宫家具实物，以便观察和研究。当时个人还不能出国，各个单位也很封闭，因此对清宫家具实物的观察和研究只能依赖故宫。我为此花了不少时间，对故宫公开陈列的家具反复琢磨。那时故宫属开放陈列，参观的游人也不太多，当年家具也不太被看作文物，有些殿堂摆放的家具不设置围挡，本来就可以零距离接触。我用感动上帝的方法，不用钱、物，就"打动"了看管文物的工作人员，不仅可以转着圈儿可着心地任意摆弄研究，还可以从容地支上三脚架，架上灯，用较专业的相机拍摄家具的整体或局部，有时他们还能帮着搭把手。另外，故宫有个修复古旧家具的木工房，当年归"科技部"管，我成了那里的常客，有空就去看家具修复。几年下来，与那里的员工们也混熟了，可以看到家具拆开后的榫卯结构并一起探讨修复的工艺技法，也获得了不少有价值的资料，是相当过瘾的经历。但仅仅观察陈列和修复的家具，仍感到不够。我知道，故宫大库里有近千件家具藏品，能找机会看一看，对我来说

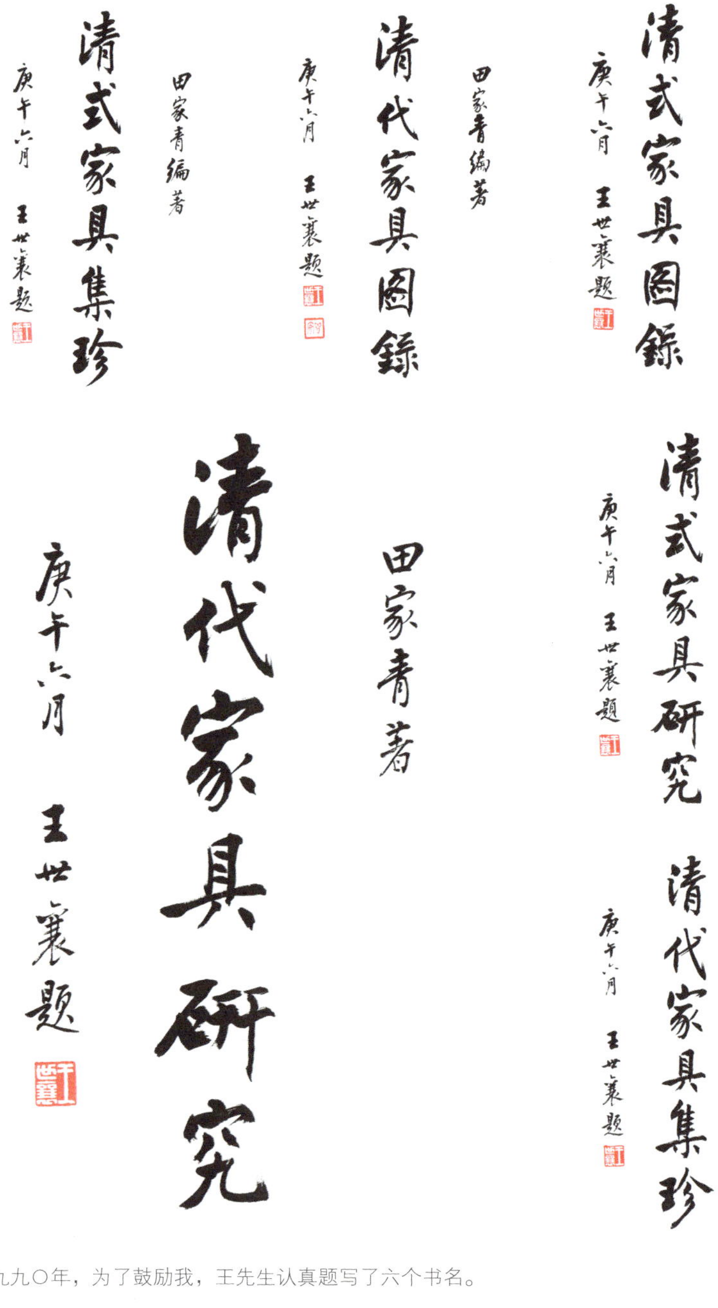

清式家具集珍　田家青編著　庚午六月　王世襄題

清代家具圖錄　田家青編著　庚午六月　王世襄題

清式家具圖錄　田家青編著　庚午六月　王世襄題

清式家具研究　田家青著　庚午六月　王世襄題

清代家具研究　田家青著　庚午六月　王世襄題

清代家具集珍　田家青編著　庚午六月　王世襄題

一九九〇年，为了鼓励我，王先生认真题写了六个书名。

72

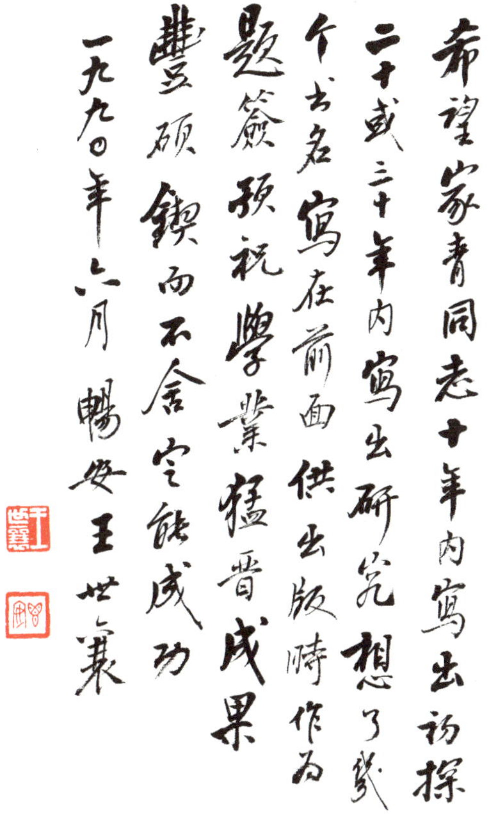

希望家青同志十年内写出初探
二十或三十年内写出研究 想了几
个古名 写在前面供出版时作为
题签 预祝学业猛晋戌果
丰硕 镀而不舍定能成功
一九九〇年六月 畅安王世襄

王世襄先生书写的一篇热情洋溢的鼓励跋文。

是梦寐以求的。若能得到允许，拍摄几件放在要编写的书里，那更是天大的喜事了。

到了一九九二年，我在 *Orientations* 等国际上重要的中国文物类刊物上已发表了几篇具有一定影响的论文，在业界颇得好评。借组织古典家具研究会的机会，我很善意地联系到了故宫主管家具库、同时也在做研究的某位先生，表示愿意找个机会见见面，请他入会，同时婉转表达了看看故宫库房家具藏品的愿望。

见面那天是个春天的下午，我和一位朋友同去，他手里只拎了一个傻瓜相机。我们在神武门见了面，不料这位故宫的仁兄寒暄后的第一句话就是："把相机收起来吧，参观中不许照相。"然后他带着我们沿着游览路线转了一圈，就"友好"地打发我们离开了。其实，不仅当年，就是现在，故宫也不限制游客拍照。我当然明白他要传递的信息，自知这条路是彻底断了。而这种封锁，当时确实对我如扼住脖子一样致命，是靠辛苦努力也无法越过的"坎儿"。那天真是度过了一个黑色的下午。

当天回到王先生家，把此事告诉他。他默默听着，没说什么，但从他的表情和眼神里，我分明感受到了同情和鼓励。从此他更注意用实际行动来帮助我。他陆续把在海内外有分量的收藏家朋友介绍给我，其中知名的有徐展堂先生、黄胄先生和美国一信托基金会的董事长，还有一些有重要收藏的藏家以及一些名门的后人。这些人大多不太爱与社会上的人联系，他们的藏品一般业界的人都不知道，更难接触，这些人后来也都成了我的朋友，并提供他们的藏品供我研究和拍照，给了我很大的帮助。

一九九五年，我去美国考察。半年期间，走访了十几个大博物馆，欣喜地发现，海外文博机构和学界有这样一个优良传统：一旦确认你是认真踏实从事研究并有助于学术进步的学人，会特别尊重并给予全力支持与帮助。我所受到的待遇之高，令我难忘，尤其是每到一个博物馆，往往会看到他们把我发表的论文放在接待室的长桌上，一见面，会先讲述他们从中获得的知识和对论文内容的赞许。对比与国内官方文博机构交往中，尽管对管理人员唯唯诺诺，但仍屡遭"白眼"，其反差简直是天壤之别。后来才发现，美国各大博物馆选用的主管大都是相关专业的优秀学者，这与我国体制有所不同。

在美国，各所博物馆的馆长们都以能是王先生的朋友为荣。王先生在写给他们的介绍信中，一定会介绍我是他的朋友，研究家具已有成绩，还一定在信结尾时写上一句："感同身受，即：帮助我就如同在帮助他。"这样一来，就成了俗话说的"王世襄的朋友招待王世襄的朋友"，公私兼顾，热情和支持自不待言。那时国内对文化艺术的兴趣刚刚开始，王先生也不大出名。待出了国，我才感受到，王先生在海外

纳尔逊·艾金斯艺术博物馆（The Nelson-Atkins Museum of Art），美国收藏和研究中国古代艺术品最有成就的博物馆，收藏的明清家具以既多且精而著称。在两周的时间内，该馆馆长陪同我在郊区山洞的库房内，对近百件家具进行细致的研考。山洞位于城外几十公里远的山下，称得上是最理想的文物保存库，自上个世纪五十年代末以来一直未开放，其中以清代宫廷家具，尤其是清宫漆器家具最为精美。

在纳尔逊·艾金斯艺术博物馆馆长陪同下观看所藏紫漆双扶手大宝座，此器堪称清宫漆器家具极品之一。

竟然有如此巨大的影响力和人格魅力。

半年下来，每个博物馆考察一至两周，我看到了许多世人根本见不到或已经封存多年的重要明清家具珍藏。

《清代家具》一书中，有二十几件家具是由海外博物馆提供的照片。凡是我提出希望将他们馆藏的某件家具用在我将编写的书中时，他们一定会说："We are flattered！"（那我们可太荣幸了！）唯一的要求是：书出版了，送我们馆保留一本。

二十多年过去了，我至今仍未踏进过故宫的家具库房，但我对故宫那位仁兄没有任何记恨，反而因当年的遭遇转化成了动力而感谢他。后来在编写专著时，我能克服各种难以想象和言表的困难，跟争这一口气不能说无关。也正是这个痛苦的切身体会，使我对任何有求于我的真正的学人给予全力的支持，只要是我有的知识和资料文献，我会毫无保留地提供。另外，正因为看不到更多的故宫中的家具，断了念想，才将眼界和努力放在了世界范围，从而发现了更多精彩的清宫家具实例，打开了一片新天地。后来，据清宫档案和传世的实物证明：当年清宫营造家具的重点并不是放在紫禁城，而是圆明园。我在海外发现了很多令人称奇叫绝的奇特家具，例如：罗汉床下带有可以推拉的屉，夏季放置冰块祛暑，成为凉床，冬天放置暖炭，又成暖床；有的大宝座，两个扶手做成多宝格的形式，可以摆放诸多各类文玩，皇帝可真有想象力。有些为游船上特制的家具，曾随康熙和乾隆皇帝出巡，尺寸较矮，可扣装在船上。还有在园内溜冰时专用的溜冰宝座等，都是国内没有发现的。追根寻源，最终发现这些奇特的精品多出自圆明园。顺着相互印证归纳总结，更进一步揭示，当年圆明园遭劫难后，家具并非损毁无遗。事实上，在圆明园被焚烧之前的七天时间里，英法联军曾组织大规模的搬迁，其中很多是家具，包括一些巨型家具。这些珍品最后流散到了全世界。二十多年的实物探考中，我把见到的近千件清代家具逐步分类对比研究，并与清宫档案相印证，逐渐理出头绪，一一找出流传的脉络，最终总结出了圆明园家具的特征，并撰写了论文。我在文章发表前，先拿给王先生看。几天后他还给我时只大声地说了四个字："真好！真好！"我知道，这在他的语言中，是最高的评价。

回想与家具结缘近四十年，研究领域从工艺、技法、工具、明式家具、清代家具到设计、制作新家具，若自我评价，客观地讲，我相信对圆明园家具的研究成果，仍是迄今为止最有分量的。

一九九四年，《清代家具》一书终于签约香港三联书店，他们把此书作为一本重点书，由优秀的图书设计师陆智昌先生花了整整一年的时间设计版式，修图制作。完成彩色打样稿时，我正在美国波士顿博物馆，他们没有将版式样本寄给我，而是直接寄给了在北京的王先生。显然，香港三联书店对出版此书仍不大放心。二十年前的书籍出版与当今不同，一个大出版社往往一年才能出一本大书，若发行失败，难以承受。而当年我还是一个新人，年仅四十，他们的顾虑是合理的。其实不仅是香港三联书店，就连我自己心里也真没底，因为王先生从来不看未完成稿，这本书稿他没看过。在学术问题上，他从来、也绝对不会客气，更不会留情面。记得几个出版社的编辑都跟我说过，以前他们交给王先生审阅的书稿几乎没有一个合格的。王先生看后若说此书不好，那这书就可能要重写。那几天我惴惴不安，直到收到了王先生的传真。

　　王先生在信中不仅肯定了此书，更令我感动的是，他把预备改动的地方一一以商询的口吻写在传真中，可见其付出的努力。过了几天，他又为此书认真地写了一篇序言。

一九九五年王先生从北京通过传真发给我的修改书稿信函

序

这是第一部关于清代家具的学术专著，也是田家青先生第一部问世之作。研究、著述从填补尚付阙如的空白开始，并终达到如此规模，值得赞贺！

《清代家具》通读数遍，感到应予肯定的有以下几点：

(一)本书明确了清代家具应有的范围

在一般情况下，说起清代家具，总是想到雍正、乾隆时期材美工良、装饰性很强、主要供宫廷使用的硬木家具，而把清前期的明式家具又典型犹在、开始呈现某些清代意趣的家具都归入明式家具，似乎忘记了它们的制作时期实属清代。嘉、道以降，工艺衰退，又很容易一笔抹杀，认为全不足道而遭摒弃。流传在民间的非硬木家具，大都是清中期或更晚的制品，乡土气息浓郁，和明式家具风格颇多密切而造型雕饰又时见新意。由于过去对全国的家后来，听香港三联书店的总裁赵斌先生相告，王先生答复出版社，不仅从学术角度肯定了《清代家具》一书，而且主动提出这本书可以作为他的《明式家具珍赏》的姊妹篇来发行和宣传。香港三联书店吃了定心丸，立刻下单精印，并在全世界宣传发行，同时在香港组织和主办了两部新书的出版发行和展览仪式。

说实在的，在隆重的首发式上，我的心情相当复杂，喜悦和失落交织在一起，心里总想着那些已经拍照整理好的，但有种种原因未能收录到书中的家具。这其中有的是私人收藏，由于当时的环境，拥有者不愿意披露；有的是从文博机构拍得的藏品，人家事先就讲明了，拍摄的照片只供研究，不得出版；还有如故宫里的一些好家具，他们尚未发表，我作为个人在故宫之前发表，总觉得有些不妥当，当年为此也曾十分纠结。例如下图大案，制于乾隆年间，不仅有大气的结构美，而且有图案的装饰美，称得上是家具设计之最高境界，无疑是清代宫

一九九五年十一月香港三联书店《清代家具》新书发行剪彩现场

紫檀案长五米，放于太和殿东西两侧，是为特定环境量身打造的家具（俗称"合着地步打造"的家具），此件家具将功能性、装饰性、艺术性完美结合，极具气魄和震撼力，显示出其设计和制作者非凡的想象力和创新能力，令人折服。在我心里堪称"中国第一紫檀大案"。

廷家具中的一件极品，在我心里堪称"天下第一紫檀大案"。因为故宫当年是开放式陈设，这对大案分别陈设在太和殿的东西两侧。二十年前我已拍得此案的照片，但考虑到如此重要的器物故宫还没有发表，我先发表似有不妥，为此反复考虑，最终理智占据上风，在结稿中删了下来。此事，我向王先生倾诉过，他安慰我说的话是："机会总会留给努力的人，干实事必会有回报，只是机会还没有到。"

或许是性格所致，自一九九五年《清代家具》出版发行以来，我心里常有郁闷不安，一直有个担心，若发行得不好就再没有机会做修订本了。幸运的是，十几年来此书几次再版，出版社认为《清代家具》将是一部长销书，终于有了机会做修订，并同时在大陆发行了平价的中文简体字版。更没想到的是，十几年过去了，到了二○○四年，故宫出版了几册专门的明清家具图书，不知为何竟没有收录和介绍此案。鉴于此，我认为，时至今天，我有义务将本属于中华文化中如此重要的代表作介绍给大众。因此，此次修订版，我将此件大案放于书的中间位置，做成全书唯一的长达四页的大拉页，详尽地展现了其细节和风采。我相信，这是上天留给我的机会。

修订版《清代家具》增加了四十余件实例，成为完美之作。拿到彩色打印清样时，多年来的郁闷消解了。更重要的是脑海中立刻想到王世襄先生，他已经去世近一年，若他还在，我当然会第一时间将这套印样送给他看，他也一定会高兴地眯起眼睛，露出发自内心的和蔼笑容。

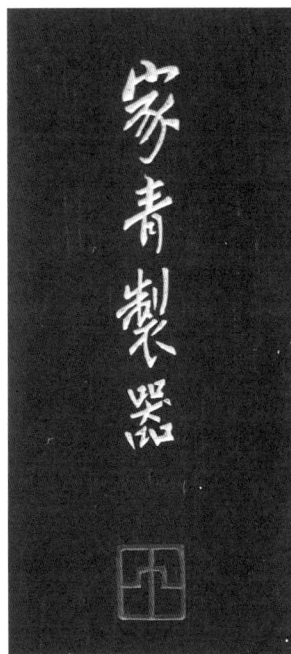

田家青设计打造的家具上镌刻的款识。
明韵第十一号大案的款识照片，傅稼生镌刻。

制 新

　　研究古代家具，时间一长，见过的各式家具多了，自然会对家具的好恶有自己的想法，同时也希望能将自己对家具的理解表达出来。而将此希望付诸实现，著书立说之外，最好的方式，莫过于自己设计、制作家具。

　　王先生很早就萌生过设计制作家具的愿望。作为老一代学人，他注重的不是现世虚名，而是自己思想轨迹的历史留存。对于家具，我们有一个共识：即与书画、雕塑等纯艺术相比，家具才是更适于承载思想的艺术品。所谓"纸寿千年"，而以中式结构与传统工艺制成的硬木家具，由于其天然特质，几乎可以流传永远。几年前，我们在北京举办设计制作的家具展览，布展完毕，主办方好心询问：要不要拉上红绳，以防被参观者磕碰损伤？我回答："随便看，随便坐，随便摆弄。只要不是拎着斧子来的，爱怎么摆弄都成。弄坏了，算我做得不好。"家具属柔性结构，若榫卯合理，只要不糟不朽，想用坏也难。对于硬木家具的坚固耐久，我还另有一番深刻体验。八年前，我设计制作了三件一套供琴房使用的紫檀家具，包括：一张琴桌、一把琴椅和一个小案子，一位朋友喜欢，收藏了，并与他海量收藏的普洱茶一起，存放在北郊一处别墅的地下室里。他在外出差，正赶上家中生活热水管道崩裂，整整两天时间，地下室注满热水。直到弥漫出浓浓的蒸汽和一股子普洱茶味儿，物业人员才发现地下室里出了大乱子，急将他召回。他一看，整个地下室全被淹没，水已凉，但曾经七十多摄氏度的热水将他收藏的普洱茶都沏开了，杂物漂浮水上，唯独这三件紫檀家具沉在水底（因为紫檀木料的比重大于水），任热水泡了两天，估计也都玩儿完了。万分焦急之下，他把我也叫了去。结果，其他物品，包括九件商品家具，基本上报废了，而三件紫檀家具捞出之后，晾干，用布一擦，竟完好如初，除了那一锅浓郁的普洱茶把软藤坐面染成四百年后方能呈现的褐色之外，并无半点儿裂损变形，这让在场所有人员，包括物业、保安等等，惊讶之极。这说明，我们制作的硬木家具，经得起世代递藏，因此足以将蕴涵其中的思想寄达遥世后人。

从某些传世明代坐椅的踏脚枨与地面距离的比例关系来看，经数百年使用，主体毫不松散，腿足磨损不过三至五毫米。我因此曾和王世襄先生讨论，我们制作的椅子，应把踏脚枨下的腿加高一些，比如加高三至五毫米，这样，一千年至两千年之间为最佳使用比例，五千年后才会磨损到踏脚枨。这也成为我后来制作家具的原则：桌、椅、案等，腿长均增高五毫米。

我们新作的扶手椅，（局部）脚踏枨距椅腿底面距离较高，预计经一千年使用后，磨损到最佳的比例。

清前期某件软木椅子的椅腿，软木不甚耐磨损，距今二百余年，磨损后距脚踏枨的距离已接近极限。

传世古代家具，镌刻文字的极少，篆刻款识的则更少。因此，王先生曾对我说："我们要是制作家具，一定要刻上款识。我打算篆刻上'世祥'字款，寓意世界祥和，万事祥和，这两字的拼音和英文发音与'世襄'是相同的，你看不错吧。"这是八十年代末的事。

到了八十年代后期，包括紫檀和黄花梨在内的世界各地所产珍贵木料，陆续进口到中国，大规模仿制古典家具的活动从此开始。但所见仿制品，无论从工艺到结构，大都极为粗糙，造型更是俗恶不堪。

从那时直至今日，社会上以商品形式制作的硬木家具，第一宗旨往往是追求经济利益，大都不可能遵照传统技法，因为古法，从量材制料，到手工开榫，要想做得地道，耗工用时是现在机械化生产的几十倍甚至几百倍。而做不出好家具，就拿木料夸口说事儿，以致把紫檀和黄花梨的木料价格炒得愣高。家具制作看似简单，其实不然。诸般名贵木料进入中国后，很多人自以为有把斧子就能做家具，因此一哄而上，其中一些人，则摇身变成家具制作商，而其从理念到制作方法再到法度形式，都与中国传统家具相悖逆。入行制作家具，看似简单，实则不易，其实事物本质都是这样，看似简单的事儿，真要做好反而很难。中国珍贵的传统硬木家具本身，尤其明式家具和清代的宫廷家具，属于艺术品的范畴，从设计制作到用工选料，都不具备商品的属性，因此从这一角度讲，大规模以工业生产方式制作家具与古代手工制作根本不可相比，很大程度上是在浪费资源。

对于新制家具，我和王先生有个共识，家具用料并非最重要。评价家具制作有五要素：第一境界，即家具是否融入了人的思想，能否代表人的精神。第二艺术水准，一件家具，线条比例关系要美，有承传，不可臆造。第三结构，中国传统家具之所以伟大，原因之一，就在结构的可靠。外表看着和传统家具一样，但里边的结构是否一样，真正能弄清楚的人并不多。一件好的家具，其结构无懈可击，是最起码的要求。第四工艺水准，切忌"表面光，心儿里糠"，而是内修外美，神完气足。最后才论木料的优劣，如果前四项没做到，那么，木料再好也是糟蹋浪费。

低劣的仿制，可谓可耻之极，然而在我们的社会，竟能以自制"高仿"为荣！有一次，王先生沉着脸，手捏一封信让我看。这是一位制作所谓"高仿"的家具商托人带给他的。此君至今仍在社会上名气颇响，家具卖得一向红火。从信中明显能看出他的得意，同时也在竭力赞扬和吹捧王先生，目的则是希望与王先生见见面。但其格式和话语，用缺乏教养来形容，实不为过，且写一笔这么难看的字，竟不知羞愧。确实，从八十年代到九十年代，是中国的家具外流时期，好的家具被大量倒卖到国外。九十年代以后，随着经济发展，开始出现大量仿品，拿着王世襄先生的书，照图大量仿造，仿得一塌糊涂，每天都在毁坏着中国家具的名声，也在浪费着珍贵的材料。直到现在，这种现象依然严重，导致整个社会丧失鉴赏力。他随信送来的十几张仿制明式家具照片，自以为好，实则件件比例失调、俗恶不堪，不仅不觉丢人，反而自鸣得意，还要送给王先生看，真是奇闻！

明式家具看似线条简单，但要做好，却难上加难。我渐渐理解到，明式家具，有点儿像书法，越是看来简单的字体，谁都觉得自己能写，但临帖试试方知，写得形似已绝非易事，若得神似，那您就是书法家了。如今，对于明式家具，最大的问题是整个社会的审美水平不敢恭维，都喊明式家具好，许多人不过是为了显示自己懂行而在那儿瞎吹。真正能看懂、能领悟明式家具优美线条和比例关系的人，是少数。

还有一个重要的问题，在传世的明式家具中，绝非件件好，真好的比例其实相当少。现在的社会是一个审美有欠缺的社会。我曾与王先生探讨过，为何会是这样？应当指出，多年来，中国缺乏"美育"。中国历代的美育，实际上以书法为基础，甚至做家具的工匠，在标注各榫卯"认家"的符号时，字都写得有模有样（家具的每个榫头和卯孔都是一一对应的，打散后可根据标注的汉字符号来拼合），可能他根本不认识那个字，但依然写得颇有书法的间架结构，至少形似。由此可见，书法，在相当长的历史上曾经是一个美学标准。因此王先生说："现在，你看看这些老板写的字儿，就可想而知，由他带着做的家具能是什么德行。"但这种德行的家具还能为社会所接受，这正是缺乏美学教育的表现。如今好的书法也不多见了，胡抢乱写的到处都是。将这些"书法"和那些"俗恶"的家具放在一起，算得上是真叫"般配"。值得深思的是，只有在缺乏审美的社会里，那些丑陋无比的家具才能兴旺发达。

王先生把那封信和照片交给我，说："真是黄花梨的悲哀！你保存起来吧，这将是今后家具史的一部分。丑恶到了家，还能受市场追捧，无德无文化的社会产生的畸形家具，让人堵心！等合适的时候，你应该把它拿出来公之于众。"

从此之后，王先生设计制作家具的心愿越发强烈了。

九十年代初，台湾一家大出版公司对此事很感兴趣，他们的总经理来北京找王先生谈过方案。王先生那段时间非常兴奋，跟我谈了不少相关的想法，例如：一、将家具作为承载思想的艺术品创作，着眼点放在历史上；二、结构和工艺极致完美；三、形成体系，能代表当代家具制作最高成就。

上述三点，也成为我日后制作家具的主导思想。

因其他一些原因，加之王先生太忙，方案未能及时落实下去。再后来，这家台湾公司倒闭了，这件事就终结了。

九十年代中，我着力开展中国木器结构和工艺技法的课题，并研究修复木器家具，从一个人干，到逐渐培养出能工巧匠，不断发展，终于成立了研究与修复木器的工作室。王先生对此特别支持也很有兴趣，所有的进展和成果我都给他看。当修复重要家具时，他总要来看看，共同讨论制订修复方案。

一九九五年王先生来工作室，一起研究榻的修复方案。

元代或明早期黄花梨四面平榻，托泥为后配。每一处倭角和凹线都显出独特的韵味。

此平榻其年代可能早至元代，由我们工作室修复。王先生为此亲自来过两次，专程来看修复过程。此榻看似平常，但在真正领悟明式家具精髓的人眼中，此榻可谓非凡，其造型把握之精准令人赞叹，每一条凹线，四周的皮条线起小凹，一个个小倭角，一个个小的转角与弧度等细节的韵味和整体的结构关系，都反映出超凡的艺术感受和浓郁的时代气息，是迄今所见明、清早期的黄花梨榻中艺术水准最高的一件。好的明式家具犹如好的书法作品，艺术美感需要仔细慢慢品味。在此榻上有六个卯孔，曾被人误认为是架子床，后来经我们多方面的研究证实，此物原本就是一张榻，后被加上立柱作为围子床使用，是一张极为难得的、携带诸多历史人文与学术信息的艺术珍品。

清乾隆楠木大四件柜，高 302 厘米、宽 163 厘米、深 65 厘米。北京私人收藏。
田家青工作室修复。

宝分三

其实，以木为载体，说明对事物理解得深入和透彻，有入目（木）三分之意，是一个相当有深度的难得的好名字，只因当时我的理解太片面。

　　王世襄先生曾为我们研究室构想并题写过几个名字。第一个名字叫"三分室"。当他把写好的匾额给我时说："这隐喻着你对木器的理解之深刻，这名字起得好吧？"我想了想打着趣儿地回答说，"三分有考试得三分之嫌，三分才刚及格，我从来都是得五分的主儿，您给我弄一个三分室挂在屋里算是怎么回事儿呢。"他想了想也哈哈地乐了，说，"也是，那我再想想吧。"过些时候，他又题写了"木艺斋"，并说，"在这幅匾额上我钤了三方章，你好好保留着吧。"我深知，王先生做事极有分寸，钤章多寡，自有其讲究。

世謂審察事物透徹
深剖窮其底蘊曰入木
三分研究家具自更應
深入木理之內以為治工藝
史當廣蒐寶物技法文
獻作綜合之探索終
於一而始於三此三分之又
一解
家青老弟屬題齋額
出此以勖其成
癸酉冬 王世襄

世人每視家具為工藝品不知其佳者乃藝術品家具製器求索藝術造詣之艺之精乃餘事耳

世谓審察事物透徹深刻窮其底蘊曰入木三分研究家具自更應深入木理又向以為治工藝史當廣蒐寶物技法文獻作綜合之探索終於一而始於三此三分之又一解

木藝齋

大木為案
損益斫
明堂業
椎斤業
乃陳
吾屋
龐然
渾然
鯨背足
象足
世好
妍華

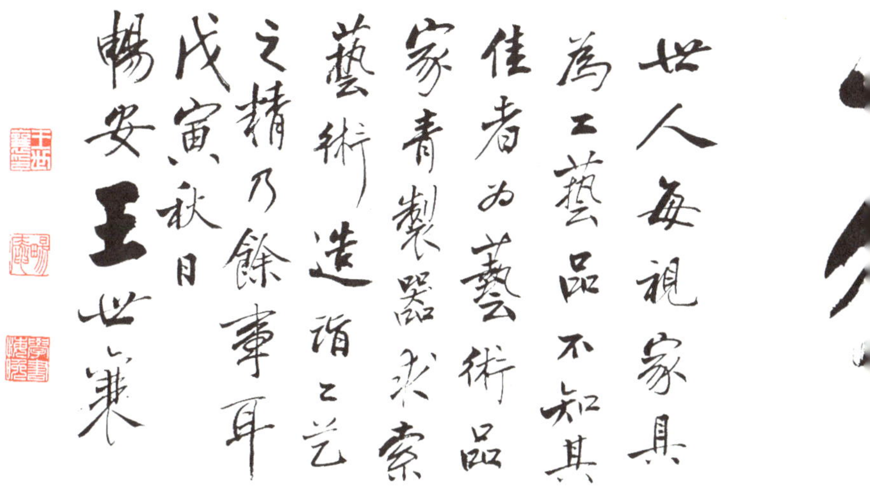

世人每視家具
為工藝品不知其
佳者為藝術品
家貴製器求索
藝術造詣之艺
之精乃餘事耳
戊寅秋日
暢安王世襄

王先生的字，属于典型的文人字，大气中透着灵秀和洒脱。在他的书法作品中，此匾应属较为飘逸传神的一张。新千禧年，我们在时代美术馆办展览，专门开辟一间文房器物的展厅，除了展示文人家具外，还悬挂出包括此张匾额在内的几位极有名望的书法家的作品。有意思的是，展览期间收到了许多参观者对此展厅内几幅书法作品的感言，其中竟有不少是专对此匾的赞赏。

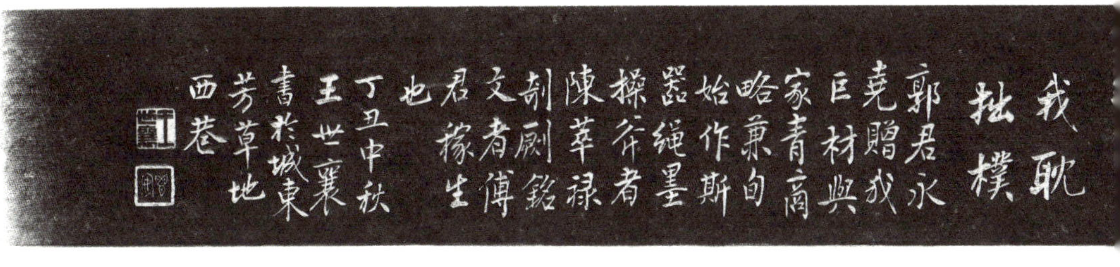

大案铭拓片，傅万里手拓，字体镌刻得特别传神。

时光行至一九九六年，他有机会得到一块大花梨板，终于设计和打造了那张被誉为"中华世纪大案"的大画案，圆了他设计制作家具的梦。

在设计之前，我们不约而同，想到了几乎完全相同的主题造型，如独板、裹圆边、圆足、四腿八挓、夹头榫，他也画了一张草图，但唯独牙子的式样我和他有分歧。我认为大牙子也应裹圆，这样才能与裹圆的案面相呼应（见下图A）。但他坚持制成平直的（见图B）。我说这样就"不交圈"了，他说"到时候就交圈了"（"交圈"，家具设计中常用的行话，表示结构形式或线条都能连接得上，相邻的部件造型风格一致，和谐统一）。为此我与他争辩了几次，他并不正面解释怎么"到时候就交圈了"。到了制作后期，我真有点急了，趁头天晚上跑过去，告诉他，明天要开榫，若再不裹圆，再改可改不了了！他诡秘地笑了笑，举手胡噜胡噜头，看来胸有成竹。我真是丈二和尚摸不着头脑，只得按平直的制作了。直到大案打造完毕半年之后，待刻款之时，我才恍然大悟：设计时，他心里早已计划周详，若此案制佳，他要写一篇长铭文，满刻在牙子上，若牙子裹了圆，就无法施刻。而且，平直的牙子镌刻文字后，自然也就饱满起来，与案面边的裹圆自然就交了圈，甭提多完美了，真叫一个"绝"。其实这也是他平时做事的一个习惯：没有把握的事，事先绝不妄言许诺、张扬吹嘘。

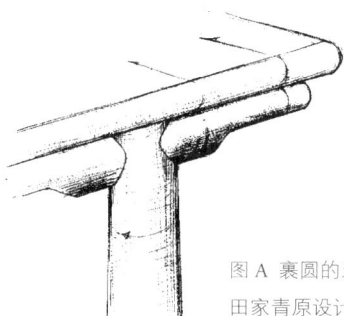

图A 裹圆的牙子
田家青原设计。

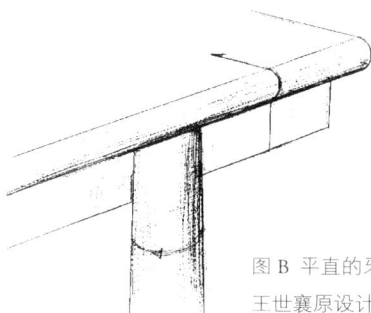

图B 平直的牙子
王世襄原设计。

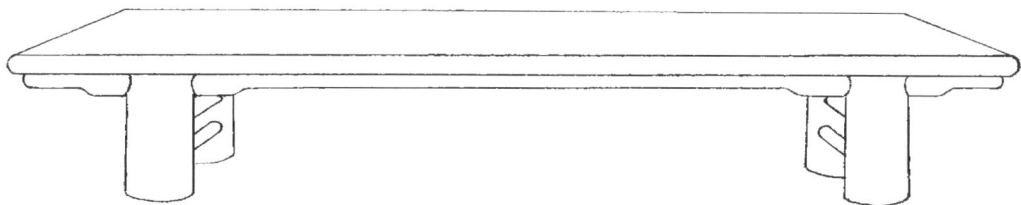

当时我设计的大案样式

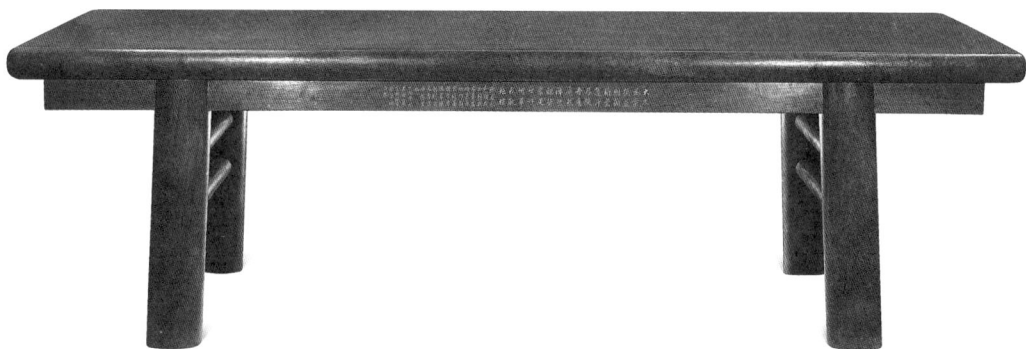

最终成品

　　一九九七年，我确立了设计制作家具的基本思路：视家具为艺术品而进行创作。当做好足够准备后，我告诉王先生：打算正式开始一个系列的家具设计制作方案，总共二十件，包括各种常见的家具品种，有的已经制作出了小木模型。他看后极表支持，说也来帮我琢磨，一定要给这个系列的家具起个好名字。

　　我喜爱古典音乐，听音乐的时候会去思考问题。有的家具设计构思的灵感，就是听音乐时获得的。音乐听得多，就能听出哪个乐队出

王世襄、袁荃猷夫妇在大画案前

色，从而感悟到动人的音乐富有韵味，由此突然想到了"明韵"一词。我立刻跑去告诉王先生，他闻声叫好，说："我给你写明韵的款识，以后就刻在你制作的家具上吧。"我当然很高兴，但回来想想，又有顾虑：担心人家会认为我拉大旗，用王世襄给自己充门面、吓唬人。过了几天，我就直言相告，因怕自己做得不好，有累王先生的名誉，想自己写款。王先生听后一乐，说："第一，我估摸着你做的东西差不了，用不着拿这说事；第二，这么多年来，我们对家具有了共同理念，我当然也愿意参与留点记号。"最后，他眯着眼半开玩笑地说，"就算我沾你点儿光，你乐意不乐意？"

我特别感动，暗暗责备自己太小心眼、太小家子气。终王先生一生，从不爱麻烦别人，因而很能体谅受助领情之人的内心感受，可谓达到了某种助人的境界。

他又说:"这套家具的款识,到时候一定要找傅稼生来刻,刻完后找傅万里作拓片,保准差不了。"

傅稼生先生是北京荣宝斋的老人儿,学木版水印刻版出身,是荣宝斋这一绝技最辉煌时期的学徒,他们刻过的木版水印属巅峰之作。傅先生不仅刻印木版手艺高超,且酷爱篆刻和书法,画宋元风格的绘画。他工作在荣宝斋,见过很多好书画,眼界高。由他为王世襄先生篆刻的大案案铭,深得王体书法精髓,见过者人人称好。更有趣的是,他采用刻中国式水印木版的工艺技法在硬木木头上刻字,堪称一绝。其使用的刻刀和雕刻的方式,皆与传统木工雕工不同。最有意思的是,为有更细腻的控制力,竟用手掌代锤,敲击凿刀,多硬的硬木全不在话下,令传统木器雕工们觉得不可思议,看得目瞪口呆。

傅万里先生在历史博物馆工作,他的父亲是我国老一代金石书画传拓大家傅大卤先生。万里是我多年的朋友,他子承父业,一手传拓的绝活令同行倾倒,绝就绝在他的拓片有韵味。在我所知范围内,还没有谁能达到如此境界。高手联袂,王先生说,这样就"配套"了。

傅稼生早年手刻《清明上河图》局部,线条苍劲有力,栩栩如生。

过了些天，王先生写好款识。一见之下，令我大为感动。为了书写不同效果，他竟选用不同材质的纸写了一堆，铺了满满一桌子。明韵的"韵"字选了几个不同的异体字。另外，他认为明韵家具上一定要留下年号和序号，最好用"干支"纪年款和中文数字，这样才能与款识"明韵"形成书法上的统一。

韵 明　明韻　　韵 明　明韻　韻 明　明韵

韵 明　明韻　　韵 明　明韻　韻 明　明韻

韵 明　韵明　　韻 明　明韻　韻 明　明韻

王世襄先生为"明韵"家具题写的不同形式、不同字体的款识。

一	十	一	二	三	四	五	六	七	八	九	十
二	五	一	二	三	四	五	六	七	八	九	十
三	六										
四	七	甲 乙 丙 丁 戊 己 庚 辛 壬 癸									
五	八	子 丑 寅 卯 辰 巳 午 未 申 酉 戌 亥									
六	八	子 丑 寅 卯 辰 巳 午 未 申 酉 戌 亥									
七	九	子 丑 寅 卯 辰 巳 午 未 申 酉 戌 亥									
八	十	子 丑 寅 卯 辰 巳 午 未 申 酉 戌 亥									
九	十										

王世襄先生为"明韵"家具题写的"干支"纪年款和中文数字。

眼见几年间一件件明韵家具从草图、模型，变为成品，他也非常兴奋。他对明韵第一号花梨八足大禅墩、第二号紫檀扇面官帽椅、第十号裹腿大画案等给予了特别好评。我计划的第二十件，是一套向明式家具致敬的四出头椅和大案。他见到草图后很高兴，题写了"明之韵 韵如何 同旨酒 醇且和"的款识，后来，我们分别将之镌刻在这两件家具上。

明韵系列家具圆满完成，王先生鼓励我，一定要出一本书，而且书中应公布一些设计图纸。此书后由文物出版社和香港三联书店联合出版。付印之前，我拿了数码样本请他过目。书制作得相当精美，

明之韻 韻如何 同旨酒
醇且和 辛巳秋日世襄銘

王世襄先生为"明韵"系列家具中最后两件，第十九件和第二十件，大画案和靠背椅题写的铭文。

他很满意，说："当今恐怕没有多少人这么认真出书了。"又说，"有了图纸就具备了学术性和历史性。不必怕别人照着仿做。"我回答，"就是给他们图，他们也做不了这么好。"他听后笑了。

《明韵·家青制器》，中文繁体字版，三联书店（香港）有限公司，二〇〇六年

《明韵——田家青设计家具作品集》，中文简体字版，文物出版社，二〇〇六年

为编写此书我颇下功夫，此书的版式设计、印制、装帧亦精益求精。

但未料到，此书出版不久，就出现了盗版，而且至今已发现了至少有三个不同大小的盗版版本，盗版的《明韵》不仅印刷差，书中亦有不少错字，例如将"铁力木"印成"铁刀木"等，正版的《明韵》系只有34×38厘米的大型精装书，故凡小于此尺寸者皆为盗版。

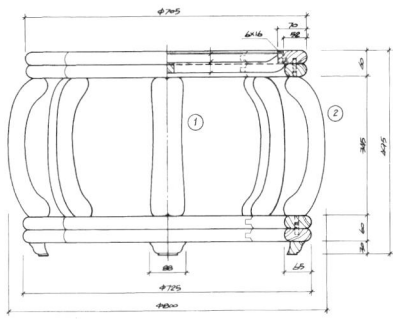

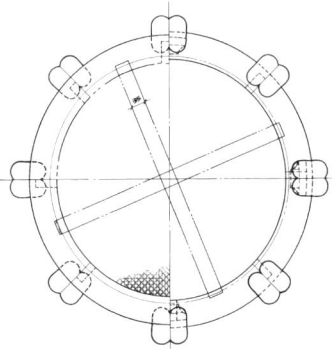

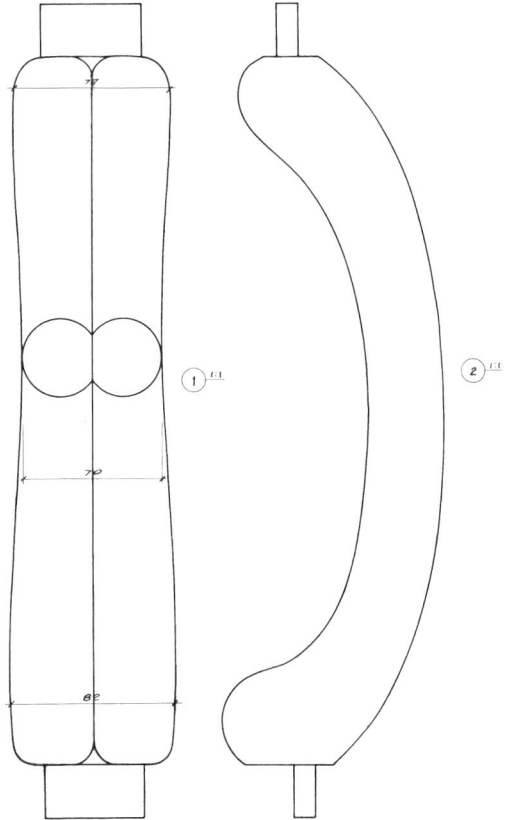

明韵第一号花梨八足大禅墩图纸

传统手工制作家具不同于机器制品，即使依照相同的图纸，也是一人做出一个"味儿"，高下差别巨大。这就像习书法临帖，帖上的字看着不过都是笔画相同的汉字，但真写起来，要临得好，临得像，临得有神，可太难了，能将临帖人的功底展现得淋漓尽致。

明韵第一号花梨八足大禅墩

檀香紫檀裹腿大画案

此案是一件创新之作，长逾三米，为"明韵"第十一号，我和王世襄先生都非常满意。一九八九年面市后，被各地仿制，在一些重要的展览会上，被当作巨案放于前厅。但仿品大都很僵硬，与真品相去甚远。

在我印象中，王先生共为七件家具写过铭文。他在著作《锦灰二堆》中收录了一篇关于他为新制家具题写款识的文章，介绍了其中三件作品。而他一生只为一件传世古代家具"清中期铁梨木独板大案"题写过铭文，可知他对新制家具的重视。

在中式传统家具中，大型案类特别是画案的地位最高。这类案子属于不易造好的品种，尤其用材宽厚、造型创新的巨型大案，结构很难把握，比例关系的拿捏也足以考验设计者的本事。而气魄恢弘的巨大画案，更能承载设计者的个性与情怀，是其艺术修养、气质和境界的准确体现。有挑战的事就有意思，大案于是成为我最喜欢打造的家具。

王先生年届八十九岁时，不再出远门，但他仍时刻关心和惦记着我们工作室的研究进展、修复工作和新家具的打造。那时我萌发了一个理念，打破"人分三六九等，木分花梨紫檀"的成见，一反常规，用花梨和紫檀共同打造家具，将花梨和紫檀各自的特长发挥出来。例如花梨有宽大厚实的大板，可做案面，下部用两个紫檀墩支撑，如此打造出的大案，体态可以特别巨大，并能同时展现出紫檀独有的特殊美感和效果。凡能用上这类巨形尺寸大画案的人，肯定不会是一般人，

品自高相，人物知此，为鑑。家世襄青製，世襄书铭，癸未元月时年八十有九。

王世襄先生题写的最后一件案铭

106

不仅要有财力，有气魄，还得有高堂敞轩陈设。我希望将理念传递给使用这样器物的"不一般"的人：世界和社会是由多元支撑的。你有再大的成就，再大的气场派头，也要有基础的支撑。故为人应宽厚，处世要豪爽。大案更寓意理想的社会应有平等的精神。

我把这个设计理念告诉王先生，他一个劲儿地称赞说："这观念真绝。若打造出了大案，一定给我看看。"

某宫复建花园，将建成时，为配置家具来征求我的意见，并再三强调，修复之后，此处接待的将是超级 VIP，各国国家元首甚至美国总统也可能到访，所以家具一定要格外珍贵，"贵人用贵物嘛"。时逢美国轰炸伊拉克，我建议，能否换一种思维，就用铁梨和紫檀来设计打造！贵在相得益彰。美国总统若来，更好，或许能开导开导他：世间强弱贵贱，本能和谐相处，何必非要选择征服？建议并未被接受。我告诉了王先生，他笑着说，他们哪有这等境界啊！

等到我们将第一件紫檀与铁梨合用设计的大案做好时，我把照片带给他看。当时他并未说什么，时隔几天后他将我找去，给了我一个写好的案铭，题写的是："紫檀架几铁梨面，莫随世俗论贵贱。大材宽厚品自高，相物知人此为鉴。"

宽大贵俗随面铁架紫
厚材贱论世莫梨几檀

镌刻在铁梨案面上的铭文

　　那天我还感觉有些异样。三十多年间，王先生一向视我为家人，来时不需约，到门口喊一声"王先生"，推门就进去了，去时一招呼"走啦啊"，他不过"嗯"一声，这已成习惯。年老后，也从未见他出门接送客人。但那天当我离开时，他说下去活动活动。窗外已是万家灯火，他随我从家中一直走进电梯，下楼来到院中，说："岁数大了，这个案铭中有的字写得有点儿散了，不知道以后能不能再写案铭了。我想了想，这个案铭中有'家青制案，世襄书铭'八个字，往后你要是打造了认为满意的、真可称得上经典的大案，就刻上这个款识吧。"我感受到了沉重和薪火相传的郑重托付，也听出了信任和鼓励。

　　自此至今，我又打造了几张大案，对其中有几件也还算满意。但我慎重非常，至今还没有在任何一个案子上铭刻这个款识。

紫檀
架几
铁梨
面莫
随世
俗论
贵贱
大材
宽厚

家青製
紫世襄
書銘

〔清〕《一亭考古杂记》，毛庆臻撰，抄本，畅安抄存（稿纸），王世襄先生批校，注释。

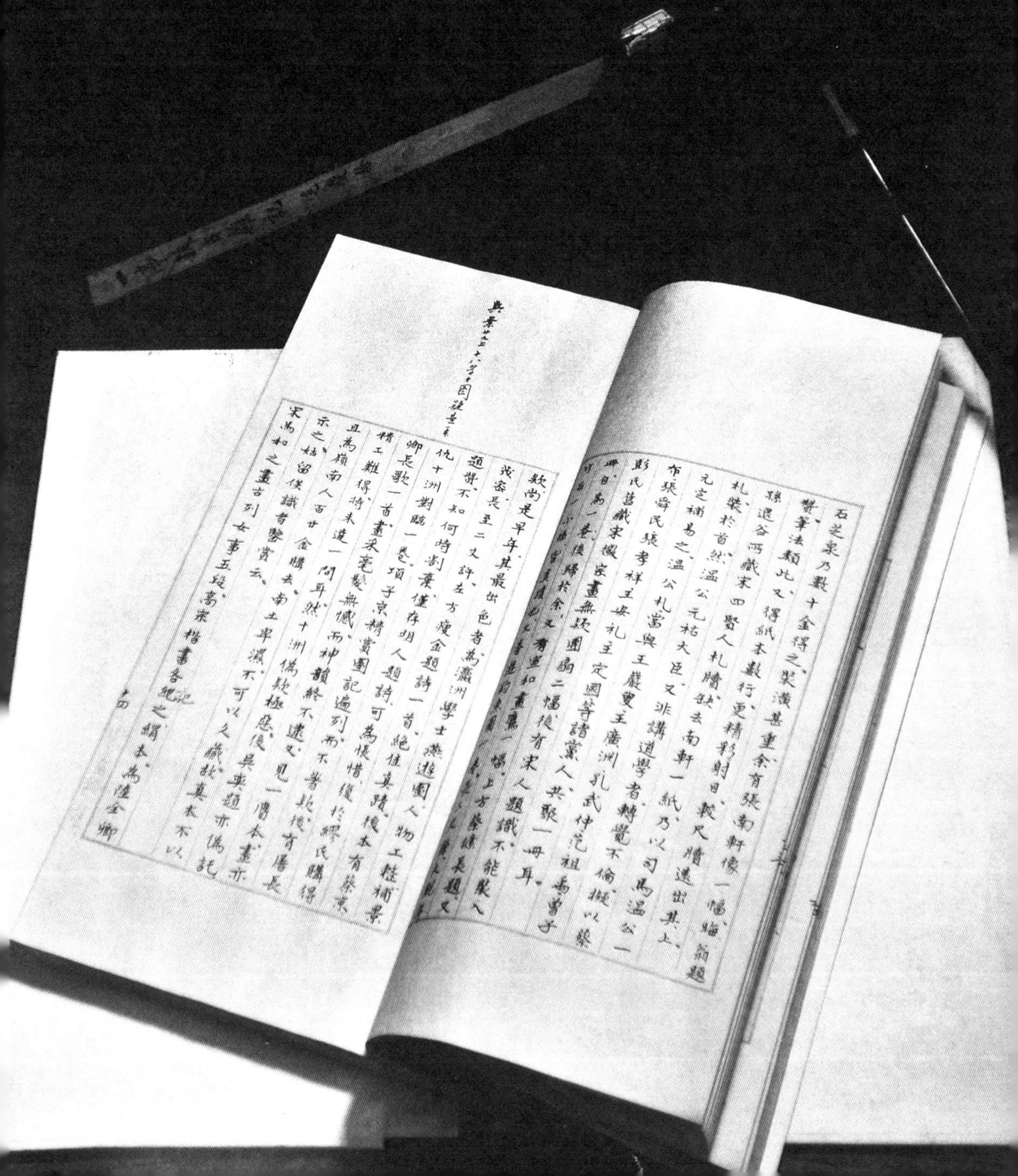

鉴 赏

　　现在每年都有拍卖公司举办的拍卖预展，去看预展很有意思，在拍卖现场看人有时比看拍品还有乐儿。来看拍卖预展的什么样的人都有，有专家、行家，也有装模作样的假行家，从一个人观看拍品的举止就能大概判别出来其鉴赏的能力。往往能看见一些穿着入时、摆着"谱"拿着"劲儿"的人，好像透着有多大的学问，带着手电筒、显微镜、放大镜等，抱着一个器物翻来覆去地又照又看。有时候离他们挺远的，看着就觉得好笑。他们手里抱着的东西本来就非常"开门"（行话，表示一眼就能判断出真伪），老远就看出来了，真不明白他们还在那儿里里外外仔仔细细地看个啥。实际上，他们是在模仿古玩鉴定的传统鉴定方法，就是按照每一品种的古玩所具有的特征总结出的许多说道，或是通过对某些特征细节总结出很多招数，依照这些说道和招数做真伪的判别。其实，这是一个很低层次的鉴定方法，当今这么多人买古玩上当，从根儿上讲，很大程度是这种方式造成的。可惜这种方式当今依然还是主流，还在流行。

　　造成这种现象的原因固然很多，但是，介绍文物鉴赏类的好书太少是重要原因之一。回忆起来，关于文物鉴定的书籍，明代曹昭（明仲）著有一本《格古要论》，是比较早的一本。看上去这本书是写古玩鉴定的，实际更多的是从艺术史和器物鉴赏的角度来写的，并没有涉及过多的实质性的鉴定方法，但是已经有了以招数来判别古玩的雏形，应该说开了一个并不算很好的头。

　　民国期间，赵汝珍著有一本《古玩指南》，此书于一九四四年出版，对古玩行业并未起好的作用。在书中，他不仅著录了一些错误的古玩鉴别方法和"招数",同时传播了这种方式,有些不靠谱的招数现在还在使用。这本书原本并没有真正的学术地位,更谈不上严谨,因为多年来一直没有相应的古玩专业入门图书的原因,致使此书自出版以来,一直畅销,七十多年来不断有出版社再版发行,被很多初入门的人买去阅读。如果只是当作了解古玩的一些知识来看,当然没有问题,但用书中的各种招数来作鉴定就得小心了。社会上有传闻说王先生跟赵汝珍先生很熟悉,其实,王先生多次提到过,因为赵汝珍喜爱养鸽子,又经营铜炉,曾经与他有过些礼尚往来,在王先生的书中也讲过曾购买他的铜炉,但与他完全不是同路人。王先生也与我谈起过,赵先生算得上是一个典型的精明古玩商,这本书实际上是一"攒盘儿"(见本书《逸事》一章中《"猴儿精猴儿精的"》一节)。更糟糕的是,现在古玩热起来了,但是我发现还有很多新出版的书和相应的期刊,还是走这样的老路子,还是这样写、这样做。

三十多年前,我认识王世襄先生之前走的也是这个"标准"路数。当时从老一代古玩商和圈子里的藏友们学了各种的招数,对应每种器物都有相应的招数作判别,几年下来,还觉得自己眼力挺好的。这亦是一个普遍的规律:按这种方法,一旦学会了一些技术性的知识,学得了一些招数之后,必然慢慢地就会越发自满、自负,不知深浅。从宏观角度讲,走这种路线必然是越来越注重细节,眼界会越来越窄,人的心胸也会越来越窄,变得十分小气。且无知者最无畏,到达自满、自负阶段的时候,就离着上当受骗不远了。看东西也是翻来覆去。拿件瓷器,先是掂量掂量手头儿,又闻又看。看家具是先钻桌子底下,死乞白赖地逐一去看各部件是否有后修后改或后配的等等。后来认识了王先生,发现他对古代艺术品的鉴赏根本就不是这一套,他只需要看一眼,就"一眼明",心里就明白了。从旁观者看来,他人"一打愣"一愣神,像打了个激灵似的就看清楚了。其实,自古对这种鉴定就有一种叫法:"望气"。所谓的"气"就是"气韵",实际上它是透过看被鉴定的器物本身,看到它背后的精神世界,气韵表现的是一个时代的精神。此种鉴定的方法实际

112

拍摄于上世纪九十年代初，我
与王先生在北京逛地摊儿。那
时的潘家园，还没搭起大棚，
整个一个荒工地，暴土扬场。

上才是最本质最精准的，把握住的是整体的气息。

关于"望气"，王世襄先生在《锦灰三堆》中有一篇论文做了专门讲述。[1] 在这篇文章中他很谦虚、客气，但讲到了问题的实质。那篇文章初读起来似很简单，但实际却不简单，是一篇值得慢慢品味、体会的文章。

和王世襄先生在一起，经眼看了不少的东西。首先，他对古代艺术品评价的用语非常有意思，不像有些自称行内的"高"人总能对着某件东西说这说那，没完没了。在他见过的器物中，对其中的百分之九十根本就不吭声，没表情，不置可否。不用说了，这样东西根本都犯不上费话。应特别说明，他看了不吭声的东西不一定就是新的或是假的，但肯定是不够艺术品的标准。在王先生眼里，艺术水准第一位，艺术品不分新老，不分时代。凡是看见艺术水准不高的，甭管年代多老他都没有表情，不吭声。如果他看上一件不错的，他标准的肯定语就是"嘿，好！"这么两个字。如果是特别打动人的、是不得了的绝品，则加两个字"嘿，嘿，真好！"若这件器物是古物，则再加上一个断代，如"够元（代），够明（代）"。

古玩界历来有这样的说法：玩古玩没有不打眼的，没有不上当的。可是这么多年来，在王先生看过的不计其数的器物中，还没有发现王先生看错东西上了当的事。他的图书中著录了那么多藏品，在社会上出版发行了这么多年，也没听到有谁说某件东西整个儿是个"瞎活儿"（行话，指彻头彻尾的、粗制滥造的赝品）。

透过物质的表面现象深入本质的"望气"境界，当然是古玩鉴赏的最高层次，绝非人人能做到。客观地说，是没有多少人能做到。更准确地说，是没有几个人能真做到。王先生能行，是因为底蕴深厚。他从小涉猎中国文化，首先研究中国书法和绘画，气韵和精神在书法

---

[1]《望气与直觉》，见王世襄著《锦灰三堆》，生活·读书·新知三联书店二〇〇五年，第118页。

和绘画上的反映最为鲜明。在此基础上，他又研究青铜器、漆器、石雕、造像、乐器、竹刻、家具，融会贯通，捕捉到了这些器物间内在相应的联系和时代精神，找到历史脉络，因此能站在高端，不是着眼具象，而是放眼宏观，对各类艺术品和鉴定品加以审视判断，透过器物的表象看到时代特质和艺术水准两个本质。

为何"望气"鉴定法准确呢？试说明如下：按照以显微镜、放大镜观察等常规招数来鉴别一件器物，凡你认为可以判断出真伪的各种特征，造假者同样也都知晓，他们就可以通过完善伪造技术来对付你。这种鉴别方法拘泥于技术层面，而技术上的问题，对于现代科技而言，只要有足够的时间、精力，更重要的是，一旦有足够的金钱回报，值得干了，就早晚有人能找到相应的技术方法来解决。

例如，唐三彩是不少收藏家喜爱的收藏门类，对其鉴定有不少的方法，其中之一是看釉，几十年前，"唐三彩"可以以釉面内是否有微细的断裂（俗称"细开片"）来判别真伪。当时的伪造属粗犷型，做的都是工艺品，做不出里面的"开片"，所以这在当时是一个非常准确的判别特征，可以作为招数来用。后来，随着唐三彩身价高涨，到了伪造者认为值得花工夫的时候，便花力气突破了这个技术难题。从此，凡是以釉内"细开片"特征来判别唐三彩真伪的人，大都"翻了车"（行话，指上当）。

过了一段时间，又发现当时伪品的开片较生硬、崩碴较愣，真唐三彩上的开片，经过时间的磨砺浸润，有"酥"的感觉，于是又有了鉴别唐三彩的新招数。但好景不长，伪造技术再次跟进提高，这招数又不灵了。

后来，又以真品开片微细，断裂纹中渗有渍迹为招数，因为细纹小部位不易观察，需要有强光和放大后方能对比看清，你看，这就引入了手电筒和放大镜观照。这一来又进入了微观世界，有了更多、更复杂的各种"特征"，以及对应的一大堆"招数"。因为这种造假比做单纯的开片更难，所以在那个阶段，又成了鉴别唐三彩的新招数。随着时代发展，新的藏家加入，价格又不断上涨。涨到了一个临界点，伪造者又下了狠工夫，果然又有一批人上当了，而且有的到现在还没明白过劲儿来。

这一切说明，自打有古玩起，造假技术和鉴假招数一直在角力缠斗，谁占上风，不言而喻。因此从技术角度，以招数来鉴别器物可行，但也只在一段时间内可行。伪造者每攻克一个特征和特点的技术难关，就会有一大批英勇的以技术评判古玩的收藏者"踩响地雷"。

唐三彩，只是在古玩诸多门类中的一小项，其他领域的古玩品种不计其数，招数也是数不胜数。然而，为什么古玩界仍有这么多前赴后继的上当者？望涉足收藏的诸君深思。

所以，从宏观而言鉴物，还得靠"望气"。气韵和器形是时代的反映，近些年来，我做家具设计，对此深有体会。我的设计也力图创新，但我发现，如同人，每个时代的人都有属于自己时代的特征，让五〇后做出九〇后的东西，几乎是不可能，即使有天大的本事，把"形"做出来了，"神"仍然不对头。人脱离不了时代的大背景，如同孙猴永远跳不出如来佛的掌心。这如来掌心，实际是大环境。只要你把握住时代气息，再有能力、再狡诡的造假者，也难以超越历史，完整复现当年的气韵。"望气"之准，道理即在于此。

如果从精神层次上讲，只有作伪人的学问见识高于鉴赏人，才能蒙骗过关。换句话说，双方比拼的是精神内涵而非技术层面。如今"造地雷"的这拨人，猴儿一般精，坏点子眨眼就来，还可以花钱找高技术水平的人攻克技术难关。但是，他们不具备文化底蕴，现今能在文化水准和知识眼界上超过王世襄先生的人，不用说，恐怕还没出生呐（老北京的俏皮话）。

学习"望气"鉴定法并据之鉴物，人会越发谦虚，对中国文化的理解会越来越深刻，境界越来越高，眼力会越来越深广，是一个良性的循环。就我自己而言，这么多年来，也在慢慢体会"望气"。在观察古典家具时，不再注重家具的表面，不再钻桌子或翻来覆去看一根枨，而是试着悟透背后制作家具的那个人，他所属的时代精神和他个人的

116

独有气质。

　　另外，特别重要、特别值得向喜爱收藏的人士介绍的是：王先生看艺术品，并不特别注重年代有多久远、用的材料有多珍贵。他主要的评判标准是艺术价值和是否有深刻的思想内涵，即使创新的新品，只要有艺术水准，有时代精神，他一样叫好。而现在大多数人，狭义地认为只有老的好，新的不能收藏，贵重材料制物才有价值，便宜材料的不好。

　　研究任何文物品种，依王先生的观点，不能仅仅关注自己研究的这一项，必须对各种器物有全盘的鉴赏力，例如，研究瓷器，也应对书画、漆器等其他门类有所认识，同时，对你的专业专项要特有专知。我研究家具更注重实际制作，有了这类经验，我看一件旧东西，或者仿制品，看的是背后的故事。王先生很赞同这一点，这样不仅一眼能看出新旧好坏，看出背后制作人的素质高下，并能马上知道制作的过程，怎么做的、在何处做的、为什么这么做、做的目的是什么等等，最后达到准确鉴定的最终效果。

　　前面说到，王先生评价艺术品，一看历史价值，二看艺术水准。对不同门类不同品种的艺术品，有他自己的标准。多年下来，我对王先生的评价标准渐渐有了体会，简介如下：

"景儿"

　　绘画。二十多年前，王先生告诉我，"好画"的标准，在他眼里相当简单，如他说话的方式一样简洁明了，即好的绘画要有"景儿"。当时听他说"景儿"，我是丈二和尚摸不着头脑，什么叫"景儿"啊？不是山水画怎么看"景儿"呢？后来，知道了王先生说的"景儿"跟绘画的类型没关系。一起读画多了，就慢慢明白什么样的绘画在王先生眼里是有"景儿"的。

　　好画抓人，动人心魂，靠的是精神头。他所谓的有"景儿"，就是画得生动有精神，当然单单如此解释"景儿"是不全面的。"景儿"似抽象，实很具象，是整体的诠释，但又是核心，是一幅绘画在笔法、构图、色彩、题跋各个方面无可挑剔之后，整体和谐统一而出现的效果，是最高阶段的审视，并不是忽略细节，而是所有细节到位后的综合表现。

二十多年后，我们又有一次机会去看一批古代绘画。我跟王先生说："您先别发表意见，我先说说这里哪些画儿在您眼里算是有'景儿'的。"等我一一说完，他乐了，说："你算摸着路数了。"

"味儿"

对于器物，王先生说好的东西要有"味儿"。这个"味儿"当然不是指气味。"味儿"，在汉语里是一个非常微妙的词，什么东西一旦有了"味儿"，就意味着达到相当的成就和境界了，如说一件家具"明味儿足"，是对这件家具最高的评价了。

"神"

书法，王先生说好的书法作品应有"神"。书法能够做到有"神"太难了。应当说明：能否有"神"与书体无关，并不是说只有草书才能有"神"，任何书体的书法写好了，都能有"神"。

王先生曾让我以录音的方式记录下他对书法的一些见解，时间长近一小时。除了阐述理论之外，他还谈到了对当今书法发展的一些看法。他认为，一个人没下过苦工夫，书法不可能成事，更不可能成为书法家。他提到书法家应具备的几个客观标准：一个称得上书法家的人，应该能写好史上各体的书法，对历史上重要的名家名帖都能临摹到位，在此基础上要有所创新，要创造出完全属于自家风格的字体。还有最后两点极其重要，但也更难：对中国书法历史有精到的研究和贡献，例如启功先生解读了西晋陆机的《平复帖》，书法家必须有深厚的古文和文学功底，有吟诗赋词的工夫，诗、词、对联、序文、跋文都能自己撰写，不能像现在有的"书法家"，只会抄写古人的东西。

在王先生的这个要求标准基础上，我自己则感悟到，还应再加两条：任何"家"都不能是自封的，应是经过历史检验，由后人冠之的

胡笳思蔡琰

航葦渡達摩

甲申初春

畅安王世襄時年九十

王先生爱用藏头诗的形式给人用姓名写对子，挺有趣。我妻子名叫"胡航"，王先生每次说起都打趣儿地说，"胡"这个姓，后边不能跟动词，不然准乱套。很早他就想给我妻子写个对子，他写对子一般很快就写出来了，可这个有难度。他说："你这个'航'字，不仅是个动词，还是个要劲儿的动词。'胡航'，乱跑怎么能行呢？"他前后写过好几次，不满意就撕了。一次他跟我说："我看着给胡航写好的对子就在那'运气'，'胡航'实在不成体统，怎么着也不合适。"王夫人也逗乐儿说："还好，'文革'的时候没人较真儿，不然还不把她抓起来：人家大海航行靠舵手，您这儿'胡航'，不是成心跟舵手较劲儿么？"多年之后有一天，王先生告诉我妻子："写好了，可惜我岁数大了手不随心，字写得不如当年了，但意思不错，你们就琢磨吧。"

王先生写下这幅对子时已九十高龄，一目已失明，没想到多年前的允诺他一直挂在心上，并最终完成了。

这幅书联嵌字巧妙，含义深远。明用文姬胡笳十八拍和禅祖达摩一苇渡航的古典，又暗含着我们夫妻的今典，寓意胡航这么多年来对我精神上事业上的支持。真是绝了。

封号。其次，书法家不应是专业写字的，书法的工夫在书法之外。不信，你看看历史上著名书法家，都不以写字为生。

王先生的字就非常有神，但是他总说自己不是书法家，就像他说自己不是收藏家一样。这有两层含义，一是若按照他对书法家的客观标准，他认为自己没花那么多工夫；二是他对现今是个写字儿的就爱自冠以"书法家"称号这种做法很厌恶。其实，当今的各种"家"都一样，称得上是一个"家"贬值了的时代。俗了，不愿意与其为伍。另外，他对当今习书法不练楷书、不下工夫的做法很看不上，其实，做任何事都应有一个好的基础。我曾用近十年的时间习楷书，后来，有次他来我家看我临写的帖，幽默地说："嘿，欧（欧阳询）味还挺足的，还算不错！再练练你就能不算书法家了。"让人忍俊不禁。前些年北京一著名画店的经理，说有很多人喜欢王先生的书法，让我问问王先生能不能给他们写点字幅挂在店里出售。我将此意愿转达给王先生。

一九九二年在中国古典
家具研究会成立大会后
王先生挥毫题写贺词

他一听就乐了，带着一种特殊的幽默和风趣的神情说："还是让'书法家们'去写吧！"

能做到有"景儿"、有"味儿"、有"神"的艺术品，不论类型，不论新旧，能存世到现在的，比例相当少。玩艺术品的人经过时间的沉淀，慢慢了解深入，最后能看出有"景儿"、有"味儿"、有"神"，实际上是判定艺术品好坏与否的最核心本质。能到如此鉴赏境界，自然是要见过相当多的珍品。

如今拍卖会很多。每到拍卖季节，不少收藏家都能收到很多本图录。每年一个拍卖季能有几千上万件拍品，一大摞几十本图录，看都看不过来，怎么从这么多的拍品中"刨出"东西，还不耽误太多时间，是一个难题。王先生看图录的方式挺有意思。二十多年前，王先生就能接到海外如嘉士得、苏富比等拍卖公司寄来的图录。不像大多数人一页一页细看，王先生看图录就像魔术师洗扑克牌一样，从图录第一页起"唰、唰、唰"地直捋，快进到最后一页，反复两三遍，看一本图录加起来大概也用不了五分钟，中间突然看到中意的便"啪"地一下按住，一定是一件不错的好东西，其速度就是如此之快！好东西绝对跑不了，也用不着为破烂浪费时间，足以说明前文所写"一眼明"的鉴赏力之高、之神。

最后——但绝不是最不重要：从为纪念王先生而动笔写这本书的时候起，也不知为什么，写着写着，越来越产生一种责任感，想借这个机会，说说对当今全民参与古玩收藏和热衷"淘宝"的一些看法。我的观点与当今的主流思想，尤其和电视台主办的各种鉴赏节目推崇的观点相悖，似很不合时宜，这么多年来我一直都憋着没说。用不着给人们"讲课"，是王先生早就告诉我的。本不应多说，这次就算破个例吧。

首先应该说明，真正的古玩和古代艺术精品，从属性上讲就不是包括我在内的老百姓所能玩儿的东西。在中国，确实有过一段特殊的历史时期，就是从"文革"后退还抄家物资到八十年代前期，在那段时间里，国宝当破烂儿，老百姓可以参与收藏，且收益颇丰。收藏有机缘，如今，这好事早就没有了。古代艺术品向来是追着金钱跑的，其属性不归咱老百姓。从九十年代以后，我只购藏过一件样式雷的御船烫样，它具有很高的史料价值，但在当今古玩行中不被认知，所以不太贵，除此之外，我没有买过其他任何一件。不仅是我，王世襄先生也是如此。虽然他从九十年代后也一直收藏艺术品，但他已不再收藏古代的艺术品，而是现代人制作的家具、竹刻等。

事实上，当今我们能看到的、真有价值的、能按王先生所评价的有"景儿"，有"味儿"，有"神"的古代艺术品，必定都是天价。大多数媒体上的宣传加忽悠，便宜了古玩商和电视节目，东西卖出去了，收视率也上去了，可吃亏上当的是百姓。真希望大家能明白这个理。我偶尔看过在电视淘宝类节目上拿着津津乐道的有些东西，很多在王世襄先生的眼里，

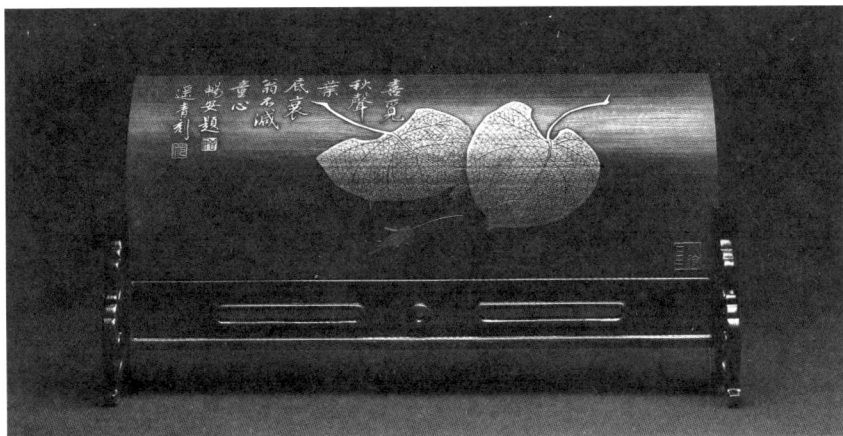

范遥青刻臂搁，一件有思想性的当代艺术品（田家青收藏）

此留青臂搁，刻斗蟋蟀主题，采用横式构图。左上款识为："喜觅秋声，叶底衰翁，不减童心。畅安题，遥青刻。"这件臂搁背后也有一段鲜为人知的故事：早在 1998 年，范遥青去函给王世襄先生，提及要刻斗蟋蟀臂搁。王老爱蟋蟀多年，特请范遥青刻一臂搁。王老认为两虫搏杀，不如双雄对垒，因为他不愿见到两败俱伤的场面，可见爱虫情深。范遥青领悟王老之意，刻成"虫王对垒图"。

此臂搁为其姊妹作，但构思略变，一只蟋蟀埋半身于秋叶下，另一只蟋蟀与之相对而鸣，更为含蓄和富有诗意。在两片大秋叶的映衬下，蟋蟀玲珑可爱，可见构图之章法，颇有"一叶知秋"的意味。"范"和"畅安"两方留青钤印，与"虫王对垒图"臂搁的刻法相同，两者构图一横一竖，可见范遥青匠心。另外，横式构图为逆竹肌走刀，更有难度，而作者却在右下自谦地刻上留青钤印"小技耳"。

是纯垃圾，所以说是垃圾，是因为它们比破烂还不如，因其俗恶败坏着中华文化，可常见屏幕上的人抱着这些垃圾，还一个劲儿地在那儿抠哧、琢磨、宣扬。而真正好的东西，有那么多用王先生的话说"要粘了毛啊，比那猴儿王都精"（详见本书《逸事》一章中《"猴儿精猴儿精的"》一节）的古玩商和财势雄厚的收藏家，"捡漏"？能轮得到咱们老百姓吗？再说，捡漏这种心态和行为，我不认为应该提倡。

还有一个观点，也是和主流的观点不太一样：中国五千年的文化固然辉煌，但是的的确确在这五千年中，封建地主的小农经济是主流。在小农经济的生产力和生产关系中，人的眼界和意识容易短视和粗俗。所以绝大多数古代留下来的器物，是以"俗"为主线，"俗"和"糙"是其主要特征。我们承认，在五千年里最辉煌的文化，是因为"学而优则仕"，文人精英入仕为官，享有优越的待遇，在雄厚经济实力支撑下创造了世界上无与伦比的辉煌——文人艺术，包括书画和明式家具等等，但是这些与民间的东西完全不交圈儿，是极少的特例。而中国的皇家艺术品，是中央集权的产物，是皇家利用权力垄断精英人才和金钱来打造的艺术极品，工艺水准达到人类历史上前所未有的高度，这些东西原本数量就不多，存世至今还能面世流通的就更少。民间当然也出现过极有天分的艺匠，做了总数比例并不多的精品，归总起来，真正称得上艺术品的绝对是万万里挑一。我看到大家拿着的很多自以为是"宝"的东西，实际很多都属于民俗粗糙的范畴。

我估摸着，我的上述观点会被很多人否定。但我相信，王世襄先生一定会认同这一观点。我借此机会说说也就罢了。

嗎有嗎要

紫檀灘瀨紅木鐵梨黃花梨諸般

家具

甲戌冬月戲作俚語橫額撰聯 焉

蛐蛐蟈蟈金鐘扎嘴油壺魯各式

葫蘆

永強小友補壁 暢安王世襄時年八十

这副对联是早年王世襄先生给天津一位经营杂项的小朋友
所作，巧用天津话，您读读，别提有多风趣了。

品 位

　　人生最高的生活境界，在于格调和品位。人们都向往文人生活，而王世襄先生的生活情趣，是文人生活的典粹。

　　古琴，中国士大夫文化中高雅旷逸的象征，在王先生的生活中占有重要的位置。王先生收藏有从唐代至清代不同风格的几张古琴。对于古琴的精神内涵，他更有深刻的理解。

　　他对古琴的认知和喜爱可以从三方面来说，第一是对古琴作为古代乐器和古代艺术品的认知，第二是对深奥的古琴文化的认知，第三是对古琴演奏的认知。在此三方面，王先生都做出了贡献。以第三个方面来说，王先生虽并不怎么弹琴，但他做出了一个重要贡献，即与管平湖一起对嵇康的《广陵散》古谱进行了考证整理。《广陵散》构制恢弘，是古琴曲中名传乐史的作品。王先生是在被打成右派的最困难的时期，在古代音乐研究所将此曲的承传关系考证出来的。

　　不必说很多冠冕堂皇的话，我想举些小例子来说说王先生与古琴的逸事。

　　"文革"动乱结束后的七八十年代，百废待兴，在中国大陆学弹古琴的人寥寥无几，甚至没有多少人对古琴感兴趣，可以说是荒漠一片。但就在那时，王先生和夫人袁荃猷——古琴名师汪孟舒先生和管平湖先生的真传弟子，从各个方面对濒危的古琴文化倾注了很多心血。他们研究并参与制作了古琴专用的琴桌，并接待海外来访的琴家。每逢这种活动，王先生都兴奋异常，让我帮着一起在家中准备饮食和接待来客。有一段时间，他们夫妇曾颇下心思研究制作保护古琴的琴囊，使之具备护琴功能，从艺术上能与琴体和谐。当时考虑过各种织料，

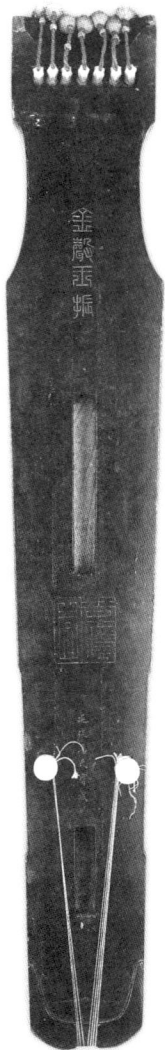

"金声玉振"，仲尼式琴（元代）

赤城 朱致远 斫制

王世襄先生最喜欢的一张古琴。虽然他所藏唐琴（大圣遗音）
的身价要高得多，但他仍特别钟爱此琴。一九四八年他去美国
的时候，也是背着这张琴。他跟我说此琴声音和他对脾气。此
琴是仲尼式，造型、做工等都相当完美，就像写得好的字一样，
间架结构看着舒服，此琴保存状态也好，通体遍布蛇腹断纹。

包括采用缂丝以及不同工艺制作，甚至为此还曾询问过中国古代服饰专家沈从文先生，另外他们还研究过制作丝弦。

再后来，古琴文化在中国开始出现复兴的迹象，两位老人对此寄予了厚望。他们对一些初学制作古琴的斫琴人给予支持和鼓励，向他们传授关于古琴的知识和制作方法，还曾参加过为不同琴家特制古琴的评比展示活动。

但是到了八十年代以后，随着经济大潮的兴起，经济上变好了，玩儿古琴的人也多起来。按说，这本应是件好事，可也不知怎么的，古琴活动变"味儿"了。慢慢地出现了两个不好的趋势：一是把古琴当作附庸风雅的道具，用它来撑门面和拔高自身形象；二是一些人利用古琴牟利，本来最不商业化的古琴，也变成了赚钱的工具。

有一次，王先生热情地参加了一个古琴评选活动。他为选出的十张古琴一一题写了琴名，并由一位篆刻家镌刻在琴上。未承想这十张琴没过多长时间就被明码标价，借着有王先生题款的噱头给卖了。主办方事先并没有告诉王先生，事后也没再理会。直到一两年后，王先生因一个偶然的机会得知，着实为此烦闷了一阵子。他告诉我，这些琴的制作并不都是很好，他只是为了鼓励制琴人，才为其构想了琴名，并认真题写。这件事之后，我发现，这种商业化现象愈加严重，令人伤心不悦。

弹琴的形式，王先生一直认为古琴文化高雅深邃。古琴的音量非常小，不同于其他适合为满场听众演奏的乐器，它更适宜在文人之间表达思想、交流心灵，多是三两知己，在安静的文会雅集中弹奏，这在许多传世的古代绘画中都有体现。

弹奏古琴要求清雅的氛围，心态静好，天气不佳不宜弹琴，节气不合不宜弹琴……有诸多近乎挑剔的条件。古琴蕴含着格调和品位。

一九九二年，北京的某音乐厅举办一场古琴演奏会，主办方通过朋友找到了我，希望能请到王先生及夫人来听这场演出。以往，我拉王先生参加什么活动，向来一拉一准儿，便以为这事儿十拿九稳，当下满口答应。

可听我一说，王先生说这个活动绝对不能去。他说："这你知道啊，古琴根本就不适合在大庭广众之下演出，演出和古琴的精神不符。所以我绝对不能参加，这是原则问题，这是性质的问题。"

我说服不了他，这成为我唯一一件没能把王先生请出来的事儿。由此也能看出他对古琴精神的维护和崇敬，是发自真心的。

随着时代的变化，社会越来越浮躁，面向公众的古琴演奏不仅大行其道，且演奏的形式也越变越离奇，花样越来越翻新。有段时间经常听老两口儿抱怨，说又听说某某人拿古琴干这个干那个的，使他们特别反感。

接下去有段时间，不知怎么突然冒出五花八门不同名目的古琴社古琴会，如雨后春笋般层出不穷。仔细探寻才发现，背后组织这些会社的各色人物，压根儿就跟古琴没有半点关系，也跟着一起掺和。说到底，是以琴文化做幌子，心里暗揣着各自目的。这类人，我见过一些，大都爱故弄玄虚，从修养、谈吐、气质、气场，怎么都无法让人与古琴搭上界。倒是那会社场所，捯饬得像个酒店会所，全似丑婆娘还刻

宋画《携琴访友图》局部

古人弹琴，注重环境。所以，我也一直在研究适合古琴演奏的陈设和环境布置。此套家具陈设，专为弹奏古琴而设计和搭配，凸显文人雅居的气质。其中的紫檀板足琴几，带有共鸣箱。共鸣箱的设计与制作，曾经与王先生探讨过。琴桌后的大禅墩等，王先生都看过，颇得他的好评。

此图拍摄于王先生去世之后。组合中的小屏风是后做的，展现了古代人的弹琴方式。只可惜王先生没有看到，否则他一定会非常高兴。另一个小的设计点是：屏风悬挂的屏芯，可根据琴者的喜好而更换，同时也可根据演奏不同类型的古琴和不同品种的琴弦来更换不同材质的屏芯，以调整声音回响的效果，使之达到最佳状态。

意打扮修饰。其实，不是堆砌中国文化符号的装修装饰就代表品位，恰恰相反，更容易暴露出主人的低俗。

很多会社都想请王先生夫妇参加活动。有一次，碰到一特别难缠的，要请老两口出席他们琴社的开幕式，情之恳切，大有"不到黄河不死心"之势。王夫人动了气，说："如果非要让我去讲，我就会说：你们这琴社跟古琴文化本身就完全相悖，应该现在就散会，立刻解散！"

进入新千禧年，古琴在全民间突然爆发性地流行开来。我们常说，不管什么事，一旦普及开来，肯定乱套，就像二十多年前的斯诺克台球，本来挺绅士的事儿，普及开来就变了味儿。有次我和王先生一起到我在郊区的工作室，见村口路边有一张缺一条腿的台球桌，用砖头支撑着，两个肚皮滚圆的大胖子，光着脊梁，露着半拉肚子，抽着烟拎着酒瓶在那儿打台球，旁边放着拿砖头压着的零钱赌资。让人觉得可笑，又笑不出，不禁感叹：不管多雅的事儿，普及风行起来，基本都这德行。古琴也快变得这样了，真是无奈。

有一次，在某次活动的宴会上，某位非常有名的古琴教师和我同席。闲聊中，他说在做演出，"我现在演出用即兴编曲。即兴，就是由观众现场出题目，写在纸条上，根据题目我立刻就能给他弹出来"。我当时就说："古时琴者即兴弹奏，是在几位知音知己间心绪交流，有曲水流觞、把酒赋诗之意。可您这成百上千的来人，社会又这么复杂，您有这个把握，什么都能弹，就没有过顾虑？"他说，"就是因为我有把握，我才敢即兴演奏。"我问，"那你就没有遇到过什么难弄的？"他说，"有啊，那回在某音乐堂，观众递上一个纸条儿。"为防止作弊的嫌疑，念纸条儿的不是他本人，由主持人念："请用古琴表现波音 747 飞机在北京机场的起飞和降落。"我一听就说，"这您怎么办？"他说，"这好办。我用古琴咣咣咣，给他弹了一通儿。"我觉得这事浅着说是不靠谱，往深里说就是在糟蹋古琴。但还没等我想明白，他又说，"这还不算什么，还有更难弄的。"在另一场演出上，底下递来一纸条，主持人一念，台下哄堂大笑，写的是："请您用古琴演奏表现一下红杏出墙的感觉。"

我说，"那您怎么办啊？"他说，"我想了想，这个不能弹。于是我走到台前，严肃地跟大家说，这和中国的古琴文化，和中国的道德礼仪不符，有失风雅，不能弹。"我当时就给了他两句，我说，"您办的这事儿，前边叫左倾机会主义，没那么大本事，没有金刚钻，还揽了瓷器活儿。后边叫右倾投降主义，最后您也没弄成。"底下还有一句话，我当时没说，按王先生总爱说得一句北京老话，这纯属"抖机灵，没抖成，玩儿现了"！

回去之后，偶然想起此事，就跟王先生说了。他听后"哼"了一声，只说了一句："真能干得出来！"

格调和品位，最能反映在普通日常生活中的，莫过于做饭烧菜。

二〇〇〇年前后，我为王先生拍的买菜归来时的照片。自此以后，由于市场上的原料越来越差，王先生对做饭的兴趣也就越来越小了。

不管多忙，王先生总要抽出时间自己下厨。他所做饭菜的特点是：一定是家常饭，一定是最大众化最便宜的材料，做菜多不放味精，但绝对有味儿。"绝"在哪里呢？就在火候和各个细节的处理和把握。

做菜已成为他的一个乐趣，且乐此不疲，成为每天工作之余的休闲和调节。想想也能理解：成天伏案工作，可以改变一下身体姿势；而且要做菜，自己就得买菜。一大清早去菜市，正是清醒脑子和活动身体的好机会。王先生也让我帮着干，而且想好好教教我。但王先生做菜的方式实在太讲究。以"切菜"为例，不同的菜，切法就不同，甚至同一种菜，在不同季节做不同菜品或烧不同的菜式，切法就又有不同。依我看，把他做菜的刀工、切法的名目和方式一一列出，出本书也就不薄了，另外，对收拾、归置各类蘑菇就更别提有多繁复了。我对做饭炒菜提不起兴趣，不上心，更没耐心，反而嫌他太讲究，所以能糊弄就糊弄，能对付就对付。记得他老爱说我："你唯独这个炒菜，老不及格，还不好好学。昨天教你的，今儿又忘了。"那时我已经跟他很熟了，就打花腔说："我天生就有吃好东西的命，这叫福分，用不着自己做。"

中国社会科学院有一位王老研究员，当年七十岁左右，夫人是一位非常成功的商业人士，家住东四一座整洁的四合院内。那时他已退休，对烹调情有独钟，在家做饭练厨艺，有管家和司机负责买菜打下手，小阿姨涮盘洗碗，都听他的"吆喝"指挥，他本人只管过"抢勺儿、放佐料"的瘾。这么个做饭法没人不愿意干。他非常羡慕和敬仰王世襄先生的烹调手艺，隔三差五地前来讨教，慢慢与我也混熟了。他说我是吃过王先生做的饭最多的人——这句话准确地说应该是：除了王先生家人以外，我是吃过他做的饭最多的人——所以当他做出特殊的饭菜，总请我，有时还让我带上全家人去吃大餐。除了聊聊天，目的是想让我告诉他，他和王世襄先生做饭技艺的差别，希望找到不足，以便继续改进。他自称对王先生的烹调理解得极深，能上升到艺术层面，说得一套一套的，别提多虔诚了。

但是，他是学究式练厨艺，存在一个本质性的误区，我一直没明说：王世襄先生做饭，是用最普通最便宜的原料做大众餐，关键在绝招。而他用的是最昂贵的原料，拼的是原料的珍贵、稀罕，想的是显示"技艺和手艺"，纯属悟性不够，从"根"上他就没弄懂，所以不可能真正学得真谛。当然我也犯不上点破他。对凡是悟性不够的主儿，你不必开导，更不必教育他，说了也没用，白费工夫，还招他生气。这理儿是早年王先生多次教给我的，而且无数实例也证实了王先生这个观点的英明正确。再说，当年除了王老研究员府上这个地界儿，我还真没有别的地方去品尝燕窝鱼翅山珍海味。

话说至此，不得不提到，对于知识分子热衷烹调，讲究吃喝，社会上一直就有反对的声音。有人批评这种做法是过度宣扬资产阶级生活方式，对身体健康也没好处，甚至有的批评得相当激烈，说高级知识分子把知识、能力、智慧和时间耗费在做饭上，是变相地逃避现实（未免有点上纲上线了）。我觉得这些批评不无道理，但王先生的烹饪厨艺，与沉迷于吃喝玩乐完全是两码事，是本质的不同。首先，我们反复强调过，王先生烹调采用的都是最为普通的大众化材料；再者，他从来不浪费东西，讲究节约，很多常被大多数人扔掉的食材，他都想办法做成美食。所以，无论从任何方面讲，王世襄先生奉行的厨艺原则和美食理念，都是无可指责的。

说起来挺有意思，王先生做饭烧菜认真细致、精益求精，不怕费时间。但是他在家吃饭的速度相当的快，有的时候就跟往肚子里"倒"一样。往往我们刚吃了几口，他就站起来，漱漱口走了。王夫人经常打趣地说："你瞧，你瞧他，又没人跟他抢！"其实王先生在外面吃饭，非常斯文，从来不这么快。我觉得这是他的一种心理：既然在家里，赶紧吃完还得工作，不浪费时间。

和王先生在家里吃饭，时间长了，你会发现一个特别有趣的现象，就是有的时候他吃饭眼睛是斜视着。每逢这时我就知道，这时你跟他说什么话，他基本上都听不见，实际上根本就没有在听，吃着饭，可脑子里还在思索其他的事情。一旦他进入这种状态，他就有本事让耳朵自动不接受任何无关的外界信息。我也觉得特别怪，但时间长了之后，你会慢慢理解，王先生真是把做菜当成一门艺术，当成创作，在烧菜过程中享受的乐趣比吃一口佳肴多多了。

也许大家并不了解，上世纪八十年代，王先生曾任全国高级厨师职称评定委员会的副主任委员，说明其厨艺造诣之高，不仅仅限于家常菜，可谓足以将帅群师。有时，他会作为重要成员或和诸位美食家组成的"吃会"一起赴宴。宴毕，总经理总会把主厨和大师傅们叫出来，与大家见见面，互动一番。王先生往往还给他们指点指点，教教他们。十次里能有五六次，离开餐厅之际，主厨和大师傅们会走到王先生身边悄悄地问："您原来在哪儿干？"

一九九六年的一天，王先生跟我和妻子说："我知道你们年轻，现在不把做饭当个事，瞎糊弄，等以后岁数大了，过日子没学好做饭肯定会后悔，你们应该把几个家常菜好好学学，当个事儿，别三心二意。不过，看来这么教你们也够呛，你哪天找个录像机，录下来，以后想好好做饭了，就看看，不会忘了。"我说，"好吧。"

王先生那时还没有搬到公寓，住在芳嘉园胡同。家中的厨房在一个过道里头，只能站一个人，放一个案板，又小又黑，没法儿录像。我家虽然也不大，但至少还有个单独的小厨房。于是王先生决定到我家去做录像。

记得那是北京七月中旬酷热的一天。一大早，他就买了所需的原料，拎着大筐到了我家。共做五种菜，其中有炸酱面、丸子粉丝熬白菜和他最著名的拿手菜——焖葱。我知道他做饭的核心是掌握火候，还有点儿绝活儿和秘招儿，因此明白镜头该何时推近又何时拉远。录像开始的时候，室内温度还行，但日近晌午，越来越热，他非要脱背心光膀子。我说这儿正录像呢，让他还是穿上。穿了不到几分钟，实在是热得受不住了，再坚持恐怕要休克了，只能由他光着膀子就给录了下来。

第二次做菜录像中截取的两幅图片。从图片的比例关系可以看出，已剥去几层葱皮的大葱有多粗壮。因此说明，采购原料在烹调中的重要性。

又过了两个月，天气凉快下来。王先生又想起这档子事儿，说："光膀子拍的那个确实不够文雅。我还是再录一次吧。"因此他又专门来了一次。这次，穿着中式褂子，买来的葱，品种也更好，又肥嫩又粗。我们认真地又录了一次，尤其是对"焖葱"这道菜，在录制中他还做了特别详细的讲解。他说："不管怎么着，总算是能承传下来了。"

曾经有一段时间，香港的几个好朋友，都是老一代的重要收藏家，个顶个儿的馋。等王先生在家做炸酱面的时候，他们提前预约王先生，那时还都是公用电话，约好时间，多做一份留给他们。早上专门派人到王先生家，取走王先生做的炸酱，带走两棵大白菜，再坐飞机赶在中午之前回到香港，那么中午就能吃上王先生做的炸酱面了。也曾有人在美国加州的中文报纸上刊登文章，说吃过王先生做的菜终生难忘，还说若没吃过王先生的焖葱，真是死不瞑目。

我寻思着，也不能总是被王先生"踩咕"说我做饭不及格，要找个机会证明给他看：做饭这事儿，我不仅能干，而且能干好。

经过一段时间考虑，我想到，王先生在做菜方面很有经验，但他没怎么下心思做过主食类的面食。王先生的粉丝丸子熬白菜和焖葱这两道菜，最好佐配芝麻烧饼。但当时北京各处的芝麻烧饼，实在都不够格儿。曾去不同家的涮羊肉店买过，但都不怎么样，比早年缸烙的火烧差远了，每次都能引起王先生和夫人的一通感慨。

于是，我就想从此下手，专门研究配丸子熬白菜一起吃的好芝麻烧饼，给王先生一个"回击"。让他对我在烹调上的能力也刮目相看。

我早已领悟出王先生的格调和品位是怎么回事，就是要在精细认真地把一件事做到极致的基础上，再有创新的绝活儿。这绝活儿是常人想不到、更想不出的。当年，我们能买到的北京芝麻烧饼，为什么不大好吃呢？原因是从选原料到加工制作都是以"对付"、"糊弄"、"混"为宗旨的。又是那句话，不是哪儿糊弄，而是没有哪儿是不糊弄的。我当然知道，这种最大众的食品（几乎各农贸市场都能见到的东西，似乎是个人学半天就会做）要做到"出彩儿"，极难极难。要知道，在历史上，人家宋代的武大郎就已经开始做芝麻烧饼了（当年称"炊饼"，经考证，就是一种油酥芝麻烧饼）。想出点儿绝活儿，绝对要另辟蹊径。

我决定动用我具备的科研能力和方法，以攻科研课题的方式来专门研究一下做烧饼，省得王先生老"踩咕"我不及格。

通过调研得知，芝麻不仅只分黑白两类，还有许多品种。有的品种适宜做芝麻酱，有的品种适宜撒在烧饼表面。对芝麻的处理也很有讲究。撒在烧饼表面的芝麻，要想香喷喷而不苦，必须先要泡洗，将芝麻表面的一层薄皮搓掉才行。

芝麻酱。一般外边卖的烧饼，为了省钱，里面放的往往不是纯芝麻酱，是花生酱兑芝麻酱。所以我们不仅要用纯芝麻酱，还要选用适合做芝麻酱的芝麻自己磨制。首先，炒芝麻，要炒过点，稍有点儿煳香，要用小磨儿现磨出酱，不能磨出香油，一出香油，麻酱香味儿就差了。所以我这芝麻酱是哪儿也买不着的。

面粉。河北靠北部农村的就很好，要找那种带有少量麸皮的面粉，有面粉的香味且口感不粘。面粉发酵，一定是按传统的面肥发酵，使碱亦有讲究。

盐。摊开大饼后撒盐，再卷起来，这个过程很重要。且用的盐一定不能是普通的成品盐面儿，一定要用海盐粒，将大块的盐粒用擀面杖擀碎，而不能砸，不能太用力。擀碎之后的盐粒有大有小，这样吃到嘴里的口感和买现成的盐面儿有本质的不同。

摊在饼上的芝麻酱不能放得太匀，要有的地方多，有的地方少。

花椒。花椒的产地不用说，自然是山西的最好，但也有许多品种。我花了不少精力寻得，直接买鲜花椒，烟到基本合适后，再碾碎，但不能用擀面杖擀，要砸，把花椒砸成片儿，撒在里面。

最后烤制。不能用一般的火烤。我找了一个小的铁皮桶，外面抹上泥，泥也不是一般的泥，是具有红外灼发功能的泥。土灶里面烧上木柴，烧热之后，将烧饼直接贴在铁桶内壁上。这期间还有一道程序，是我创新的秘诀，是一般做烧饼绝对不会用到的，就是用酒，而且是在烘烤的过程中洒酒，具体用什么酒，洒多少，洒的方式，什么时候洒等等细节，是我艰辛摸索出来的。

简言之，我做烧饼的每一个步骤，都和市面上的做法全然不同。我做给王先生看时，他一个劲儿地称"绝"！经反复尝试过多次后做出的烧饼，王先生吃后连连说："好，好到可以不配丸子熬白菜，直接吃这烧饼就行。"

从此，他再也不讽刺我做饭不及格了。烹饪看似小事，若想做得出色，绝对需要智慧，也确实充满探索钻研的乐趣。

到了上世纪的后期，市场上各种饮食原料退化严重，很多都由野生变成人工栽培，口味也大变，甚至连最常用的料酒，也都不是原来的"老味儿"了。王先生时常感到无奈，也总说"没劲"了：原料一玩儿完，多好的手艺也救不回来。因此他吃饭变得越来越简单。但是直到他从平房搬进公寓之前，王先生一直坚持比较认真地做饭，只是在各种调料的加减中寻找平衡。例如每年豌豆上市的季节，他几乎每天都是一边听着收音机，一边剥出一大盘子豌豆。其实豌豆的炒法很简单，少量的油，少量的盐和糖，少许的料酒。每次他都炒一大碗"炒豌豆"，说也就这个没怎么变味儿。但豌豆保持清香的季节很短。过了这几天，市上的豌豆也就没吃头儿了，他也就不吃了。

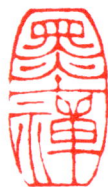

本 色

有不太熟悉王先生的人问我："王世襄先生眼力那么高，收藏和赏玩的物品都那么精美，就连他当年抓獾用的套钩都是令人爱不释手的古代艺术品，价值不菲。那么他在平日生活中使用的器物，是不是也那么考究？是不是也都是珍贵的工艺品？"

有位仁兄，要到景德镇去为自己家定烧一套带有自家堂号款识的特制餐具，事先还来找我，想参考参考王先生家用餐具的定制要求和标准，看看有没有什么应注意和借鉴的事项。我说："王先生根本就没

愉快的一天又开始了，王世襄先生早上在看报。（田家青拍摄于一九九三年）

王世襄先生在家中做饭，此照片展示了王先生生活中用的白瓷碗，造型像个小缸，挺雅的，且相当便宜，但王先生很喜欢，说它盛得量多，端着不烫手，而且易刷洗。（田家青 摄）

有这样的东西！他平时用的瓷器和日用器皿就是街上杂货店买的大路货，不仅没有这么讲究，连现在一个讲究点儿的成套家用细路瓷器都比不上。"他听着，似乎半信半疑。

可能在他人印象中，似乎王先生所用的器物也像帝王御物一般贵比金玉。其实不是，他们是把"收藏"和日常生活混淆在一起了。

和大家的想象完全相反，日常生活中的王先生，非常简朴，怎么简单方便，怎么环保好用，就怎么来，甚至有些凑合。这是生活的最高境界，是信心和实力的表现，是真正经历过繁华后的返璞归真。

勤劳与节俭，贯穿着王先生的一生。他的衣、食、住、行，无不显示出他的性格本色。

毋庸赘言，凡是见过王先生的人都应该知道，他的衣着特别简单，尤其夏天，一件大圆领儿的老头衫，一条宽大短裤，一双松紧口鞋，手里拿着个大蒲扇，一副随处可见的随和的胡同老大爷形象。

　　早年，我跟王先生一起出去参加活动或会见海外来的朋友和收藏家，凡是去五星级酒店（那时，也只有北京饭店、建国饭店等个别几个五星级酒店），常会被门童拦住，起码得询问几句，"审审"这爷俩是不是真有能住在这里的、身份高贵的朋友。

　　王先生曾经在他的书里写过，老伴儿穿着也很朴素，从来没有要求买过什么特殊样式或时尚名牌等，有的衣服都已经很旧了，但简净得体。有时他要给她买件衣服什么的，结果半路就把钱买了古玩。这种事儿时有发生，老伴儿也绝不抱怨，真是夫唱妇随，琴瑟和谐。

　　烹调是王先生的一大爱好，也是一大乐趣。他是众所周知的美食家。但他的家馔美食中从无山珍海味。例如，很多人都知道王先生擅长烹调鳜鱼，当年在干校曾做过用十几条鳜鱼变着花样做成的鳜鱼宴（其中最有名的一道菜是取自十二条鳜鱼鱼白的糟熘鳜鱼白加蒲菜）。但在我认识他的这么多年里，他从来没有自己在家里做过这道菜。曾有朋友相问，他回答说：当年做鳜鱼宴，是在鳜鱼的产地，跟当地渔民熟识，就地取材，买鱼自然便宜，所以这么做过一次。北方鳜鱼价贵，犯不着去这么花费。

　　他擅长买菜，不愿意买反时令的蔬菜，总是什么季节吃什么菜。时令蔬菜既新鲜又便宜，而且味儿对。

　　王先生做饭从不糟蹋一点儿东西，在食料用材上真是"吃干榨净"。例如，吃完老玉米（苞米），玉米皮绝不扔掉，王夫人将之洗净、擀平、晾干后，刷洗碗筷用，既环保又卫生，还十分好用。如果王先生请客吃饭或有客人请王先生吃饭，让王先生选择地方，王先生选择的往往是好吃不贵、有真手艺且不讲铺张的餐馆。如果由王先生来点菜，一定会点那些质与量最合宜的菜品。若是客人点菜，王先生一定会再审视一下，抹去一两个纯属"门面"或"排场"的菜。

　　王先生烟酒不沾。因此凡跟他一起吃饭的人，无论是主是客，餐席上都不抽烟喝酒。

王先生家有个层层叠摞、卡子卡住、可以拎着的提盒式搪瓷圆饭盒，平常洗得干干净净的，收在一个小布包里。每次出去吃饭，临出门儿的时候，王夫人一定会带上这饭盒。吃完饭若有剩余饭菜，一定要分门别类，能带走的，一点儿不剩地装在这个饭盒里带走，再剩下带不完或没法儿带的，也一定当时就让大家分着吃掉，绝不浪费。

改革开放初期，王先生的生活也挺困难。逢年过节请我们吃饭，常点烤鸭，往往会点半只。鸭架可做鸭骨头汤，但王先生一般不愿意让餐厅来做，嫌时间不够，熬得不好，认为是变相的浪费，一定是将之一分为二，给我一半，他再拿回家一半。

美国有一位中国艺术品的重要收藏家，在福布斯财富排行榜上名列全美前十，是王先生的好朋友。每年他来，会请我们一起吃顿饭。进餐地点由王先生选择。曾去过日坛公园里的一个餐厅，还有马凯餐厅。王先生从不要包间，所点菜肴都非常实惠，如糟熘肉片、糟熘鱼片、葱烧海参、油焖笋、蘑菇和清蒸鱼等等。记得有一次，有王先生夫妇、我们夫妇、这位大人物和他的秘书，还有一位美国博物馆的馆长，按王先生的选择，在马凯餐厅的热热闹闹的大堂间用餐，吃饱了以后，剩余饭菜打包带走，再剩下没法儿打包带走的，王先生就当场分配。结果给这位美国 VIP 分配了吃剩下的半拉鱼头。等每个人吃完各自那份，他还那儿磨磨叽叽地没吃完，看来他是真不爱吃，尽管他苦笑着"no，no，no"地摇着头，在王先生带头下，大家还是盯着他，打着哈哈，直到哄着他把半个鱼头吃得干干净净。

真可惜，当年没拿录像机录下这段场景，放给现今的人们看看，尤其给那些为"摆谱"，吃喝浪费的所谓有钱人看看，看你们不脸红。

招待外边来的客人，有时王先生会亲自做饭。若是大宴请，往往头一天就得动手准备，折腾大半天，由师母帮忙，有时也让我打下手，从来没请外人帮过忙。

王先生设宴，从来不上山珍海味，一色他拿手的好吃不贵的家常菜。逢有工作的日子，饭食就更为简单。例如，每年有一两次邀请老鲁班馆的师傅祖连朋来家中维修保养和研究古家具，我也帮着忙活，搬来搬去得干一天活。中午没时间做饭，屋里屋外也弄得挺乱，王夫人就到南小街那家清真肉饼铺，买回肉厚皮薄、形状像皇宫门上凸起的大门钉一样的"门钉肉饼"，熬一锅小米粥或者是玉米茬儿粥，再拍几根黄瓜，就是一顿美美的午饭。饭后沏壶茶，既喝茶聊天，又是学习交流，也是休息。有一段时间，这成了标准工作餐。有一年我和朋友谭巍帮着把王先生旧房里的铝电线换成铜电线，忙活了两天，午饭也都是这样安排。

自从老两口儿从平房搬进公寓，更忙了，更没时间做饭。尤其王先生编著那一套《锦灰堆》的时候，基本是买各类方便食品，热一热就吃了。

两位老人勤俭质朴，反映在各方面。每次外出，只要有公交车，基本就不会打出租车。师母在住家周边办事，全靠两条腿走路。远些

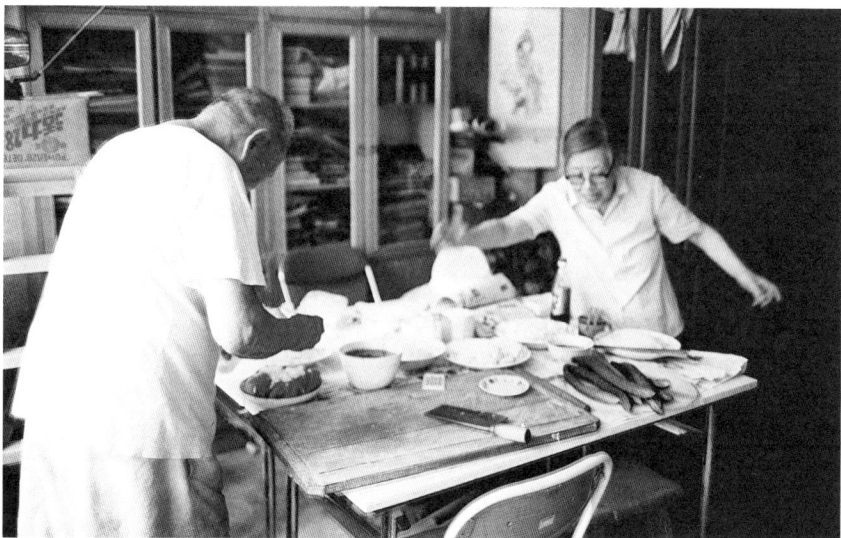

大约在一九九三年前后，忘记了当天是要请哪位来宾，王先生兴致勃勃地在家中做饭，这次"动静儿"较大，在屋里支起了桌子忙活，我和师母给他打下手。记得那天大家都很兴奋，边聊边干，抓空儿，我拍下了这张照片。

的地点，她就乘公交车。老爷子则一直是骑自行车，从年轻时一直骑到八十多岁。他专门让我给他照过一张相片，说"你看我都八十多了还能骑车呢"。我家住得比较远，每次他来，都是骑自行车，我根本不必提去接他的事儿，因为我知道，他肯定不同意，说了准得挨"呲儿"（老北京话，挨批评的意思）。

后来，若是到我的工作室来，那路途就太远了，他每次都是坐公交车来，其间要转三次车，转站之间还有挺长的一段路要走。那时他年事已高，我跟他说："转车的路太远了，要不您就破例打个出租来。"他说用不着。我说："要不您就坐到倒数第二站，我去接您。"他一听就急了，说："你千万别来，用不着。走走道有什么了不起的！"王先生起床特别早，每次都是不到七点都到我这儿来了，有的员工还没起床呢。到了之后跟我们一起吃个早饭：玉米粥、馒头、咸菜丝。我们工作室的人对此都极为惊讶，尤其是第一次见到他的人，都没想到，这么德高望重的老人家，竟如此的质朴和平易近人。

我随他开会、旅行或看东西，去过河南、河北、山西、天津等地，吃住行都没有太多要求，都是最简单的安排。

我和他一起坐飞机差旅，在国内坐经济舱，应邀去香港，也坐过经济舱。在飞机上，常能遇见朋友，见王先生坐经济舱，都大呼小叫，有的坚持要让王先生升舱，由他们来付机票，但王先生坚决不答应。

在香港，人家安排住哪儿就住在哪儿。确实也有的地点安排得不太理想，甚至简陋。可他也从不抱怨。

新千禧年，德国总理送给中国总理一部奥迪 A8 的防弹保险车。国务院又把这部车转送文史馆，指明要给黄苗子、王世襄等老一辈文史馆专家使用。其间有几次外出活动，我提醒他可向文史馆要求派车，王先生都一口回绝。在我印象中，这部奥迪，王先生似从未坐过一次。对比之下，我自己也曾同某位官员一同出行，招待安排得已相当不错，可他还是一天到晚抱怨这抱怨那。与王先生的作风相比，真有天壤之别。

另一件小事儿同样能展示出两位老人的淳朴本色。每年春天，天气暖了，就到了拆炉子收烟囱的时候。烟囱用一冬天，筒子里会积很厚的烟油烟灰，不收拾干净，夏天泛潮，酸性的烟灰就会腐蚀烟囱。清理烟囱很费事儿，很多家庭都会把用过一季的烟囱直接扔掉，来年再买新的。但是王先生一定会把拆下的烟囱收拾干净存放起来，往往能用好几年。一般是我和王先生先干打底儿的粗活儿，敲打出烟囱里的烟灰，然后王先生用一根长竹竿，一头绑上一堆布头，用水把烟囱里外都洗刷干净，再换上干净布擦干，涂上机油。最后的工序由王夫人做，将一节节洗净擦干的烟囱用报纸卷好，架起来，放到通风处，等明年再用。到上世纪九十年代几乎所有北京的家庭都不再洗存烟囱的时候，王先生家里依旧，每逢春天一定自己动手收拾。

多年来，王先生家里没有请过保姆。一切家务，均由老两口儿亲自打理。直到搬进公寓，由于著述工作实在太忙，抽不开身，经大家劝说，才请了一个小保姆。可实际上，这小保姆带给老两口儿的麻烦，比帮的忙多。他们发现这小保姆不太认字儿，王夫人就给她钉了一个本子，每天教她学几个字，这可就更费劲了。可惜这位小保姆没啥悟性，学了一阵子就走了。直到师母去世了，敦煌大哥来照顾王先生，一直到王世襄先生去世，也没再请过保姆。

王先生从来不过生日，老伴儿也如此，甚至在生日那天工作得更忙。

真正的高人不摆谱儿。王先生真是在平平淡淡、朴素节俭、勤奋治学中度过了一生。

王家的门第，从清代至民国，从高祖到父辈，出过状元，有高官，有外交才俊，有科学精英，有翰墨名家，他可谓簪缨世家的贵公子。可说起勤劳节俭，安分知足，本属劳动人民本色，反而由当年被鄙视为"资产阶级封建地主官僚出身"的王世襄，演绎得淋漓尽致。大概一个人的一生，须"绚烂已极"，方能"归于平淡"吧。从他们朴实的生活中，让人理解了"曾经沧海难为水"的真正含义。

这些年来，随着我国经济的迅猛发展，我身边的一些亲友也都"发达"起来。但是很多人还没有超越奢侈享乐的阶段。记得前几年，一位成功人士，行乔迁之喜，请朋友去凑热闹。一进他那豪宅大门，不由人大吃一惊：他的管家在大厅里支了口大铁锅，炖了满满一大锅鱼翅，旁边两屉馒头，来客一人一大海碗炖鱼翅就馒头，说是："就是要让今天谁在北京都甭想再买着鱼翅！"

如今的中国，骄奢豪侈、纸醉金迷之风，实在太过分。怀想王世襄先生，他的生活和作风，那才叫真正的美德。

安 居

王先生的旧居芳嘉园，原本是一处雅洁有致的四合院。

一九四九年解放以后，出台了一个歪门儿的政策：私人拥有房产按间数算，超过十二间的，没收；八间以上十二间以下的，必须出租出一部分，不然也没收。现在看来，当年这个政策真让人感到匪夷所思，不知是什么人竟能想出此"馊招儿"。没办法，王先生只好将这个院子租出一部分。

好在租客都是王先生自己找来的文朋画友，黄苗子先生、张光宇先生，还有著名的音乐家盛家伦，由此组成了当时一个很有特色和文化氛围的小院子。张伯驹、溥雪斋、张珩、陈梦家、启功、沈从文、黄永玉、黄胄、聂绀弩、叶浅予等都是常客。南方来的画家谢稚柳、傅抱石、唐云等也曾在此挥毫作画。在上个世纪五十年代至六十年代，这小院成了北京文化界的一景。

拍摄于一九八九年，王世襄先生和夫人在芳嘉园的小院儿里与我妻子儿子合影；光阴荏苒，现在我儿子的儿子都快有这么大了。

王先生夫妇擅长园艺，院内海棠荫翳，花卉常开。他也曾在文章中写道：早年，往安徽黟县出差，偶于故家中见到一株百龄古柏，有文徵明笔下画意，于是买下来，返程时还专门为此古柏买了坐票，一路护送着它，运回北京小院儿中做盆景。在他的记忆中，这是一段美好的时光。

"文革"狂潮兴起，整个院子被没收侵占，面目全非，王先生一家蜗居于小院角落，直至七十年代初，才退还了几间北房。

可糟糕的是，东厢房已住进个白铁匠，弄得院里乱七八糟。王先生在他的书中也写到过，这白铁匠，整天打铁，做炉子，做烤箱，和媳妇两人每天都捡一堆破烂扔在院子里，还在院子里用破砖瓦搭起了房子。

其实，还有好多事儿，更招人讨厌，但王先生从没说过。比如，这对儿白铁匠夫妇在院里养了几只鸡，不仅每天早晨打鸣吵人，影响工作，还把鸡自由放养，满院子跑，弄得到处脏极了。那些年凡去过王先生在芳嘉园这个家的人都领教过，从院门口到家门口，还有一段挺长的甬道，不踩上一两脚鸡屎几乎是不可能的。为此，曾向街道居委会反映过。但是街道出面说，这白铁匠也不听，街道居委会并没有权力强拆，所以还真拿他没办法，通过文明的方式根本解决不了。气急的时候，我也向王先生建议过，干脆把鸡窝扒了，跟他来硬的，真是把兔子逼得都咬人了！可到后来，都准备动手了，王先生说："还是忍了吧。"也就不再理会。由此可见，日常生活中，王先生是一位多么能忍让的人。

院子里弄得脏乱，尚能忍受，但有个更为严重的、让人忍无可忍的问题亟须解决。"文革"中曾被抄没的物品，陆续退还回来，包括大大小小近百件明式家具，挤放在房子里，越堆越多，堆得满满当当，只剩下一条过道。万一失火，极难扑救。每年深秋季节，我会和王先生一起安炉子。本来这安炉子架烟囱是件挺简单的事儿，可越到后来就越麻烦。因每年停火后，春夏秋三季，王先生总有新的收藏带回家里，再加上新的稿件、书籍和刊物等等，这三季下来，前一年安放炉子的

王世襄先生芳嘉园居所中北房的一隅。此张照片是一九九一年日本摄影师普后均拍摄，发表于一九九二年 *Ambience* 第二十九页。

同一房间，同一年，到冬季安上炉子后，把后面仅剩的一点空间都占满了。

王世襄先生芳嘉园居所一隅手绘图

周围空地就会给占去不少。到冬天再安炉子的时候，就得先倒腾一番，把新收藏、新资料一个压一个地往高处摞，按照师母调侃的话讲，这叫"挖地刨坑工程"。起初，高处架烟囱还得踩个梯子。但几年下来，屋里连个能落梯子的地界都快没有了，也根本用不着了，周围全都高高地堆满了物件，或是家具，或是摆设和资料，拣着能下脚踩的地方，登上去，就直接够得着架烟囱了。我和王先生安炉子，越来越成为一项大工程，再要趁着机会，把各种物件整理一遍，保养一回，几乎要花一整天的工夫。再后来有几年，实在弄不过来，还请过另外三位年轻力壮的朋友尚刚、张德祥和谭巍来帮忙。

每当冬季屋里第一次点火生炉子那天，别提多让人担心了。各种杂物距火炉的位置，真是到了安全距离的极限，让人感觉火炉周围随时可能燃烧起来。

150

但凡略有文物常识的人，一进到这个房子里，都能被藏品之多之精所震撼，称之为世界一流的博物馆毫不夸张，同时也会被这糟糕到可怕的藏储环境所震动。

但凡有过收藏经历的人必然更能有所体会，心爱的物件买来之后，必然珍爱非常。因此对藏品的打理保养，可谓累人累心。因为珍爱，你就自然而然会去做许多枯燥而麻烦的工作，而且年复一年，是个干不到头儿的事儿，正应了那句老话儿："打江山容易，保江山难。"古玩收藏亦是同样道理。

像王先生如此规模的收藏，若按照标准的博物馆设置，保守地说，管理人员最少也得配置十号人。不仅如此，王先生的收藏，受环境限制，是一个压一个叠摞起来的，拉不得，动不得，打理起来有多费劲，可想而知。可再费劲也得干，不仅劳力，更为劳神，还得天天担惊受怕提防着，不能让虫子咬了，不能让耗子啃了，既不能受热，又不能受冷，还不能受潮、不能发霉。潮天要按时打开晾晒，更不能让竹器在冬季干燥开裂，入冬前还得专门拿到接地气的地方存放。我也喜爱古玩，深知一个道理：越名贵的东西越是娇气。况且各类品种的古玩，那是一个赛一个地富有个性，有脾气，保养维护它们，不仅不能怕累，不能怕烦，还得懂得应该怎么对付它们。例如，收藏漆器的人都知道，识文描金的器物，绝不能上手摩挲把玩，用手平摸都容易揩掉金漆。王先生收藏的识文描金的器物，保存得完好如初，可见保养的功夫，真是绝了。

如今陈列在上海博物馆过千平方米展厅内的八十件明式家具，再加上其他总共一百多件家具，其中有的长逾三米，有的高过三米，当时都摆放在王先生家中仅百十平方米的四间北房里。您不妨闭上眼睛想象一下，那得摆成什么样儿，打理起来该有多么困难！还不光光是家具，王先生的收藏曾有过两次拍卖，在预展上可以看到包括铜炉、书画、扇面、古籍、木器、文玩、文房、竹刻、牙雕等各式物件，每一件的品相都保存得至精至极。例如竹器，在北方，包括竹笔筒、竹臂搁、竹雕等开裂，是普遍出现的问题。而王先生的竹器收藏，其至连细小的裂纹都没有，可以想见其背后年复一年倾注了多少心血。

话说至此，必须要提到王先生的夫人袁荃猷女士。袁师母出身名门，从小受过良好的中国传统文化教育，博学多才，得汪孟舒先生和管平湖先生的真传，弹得一手好古琴，向溥伒先生学得一手好书法，同时她又是一位在中国音乐理论研究和中国音乐史方面非常有成就的学者，出版过《中国古代音乐史》，获得了具有极高地位的国家图书奖，这是中国学术界和图书出版界最权威的奖项。最难得、也是最令人难忘的是，以袁师母这样的出身门第和学养才华，却依旧极其勤劳朴素，甘于苦累。凡家务事，甭管多么繁杂凌乱，基本全包，日日复年年，打理得井井有条。有时来了客人，买菜做饭的是王先生，饭后收拾，则是师母一个人的事儿，一个多小时，不言不语地收拾整理。二老在住平房的时候，不论有多忙，从来没有请过保姆或是钟点工。王夫人，名门大家闺秀，但绝对是劳动人民的本色，相处越久，越让人对她生出一种由衷的、特殊的敬意。

记得师母不止一次说过：一九七六年七月二十八日晚唐山大地震波及北京，她和王先生从屋里跑了出来，站在院儿里，看着整个房子晃得很厉害。她心想："你就晃吧，晃倒了拉倒。把东西都砸了，还省得我们伺候你们了。"她说："我当时真心是想，它倒了以后没有了这些东西累赘着，没有这么多的心理负担，可以轻松安稳过日子了。"好在中式建筑都是木质榫卯结构，晃来晃去，就是不塌。"我就解了一会儿气，可心里明白，还得接着受累。"

当然，她说的是气话，发发牢骚而已。实际上，她是一位极有责任心的人。她这一番气话，只能说明二老为了保护这些艺术文化精品，简直操碎了心。

师母说这类话，经常是在大年初一吃午饭的时候。较早的时候，这顿年饭是在芳嘉园小院里，自己做着吃。后来搬进公寓，就去外面餐馆里吃。有几次饭间，师母跟胡航说："真是的，别的老太太都只伺

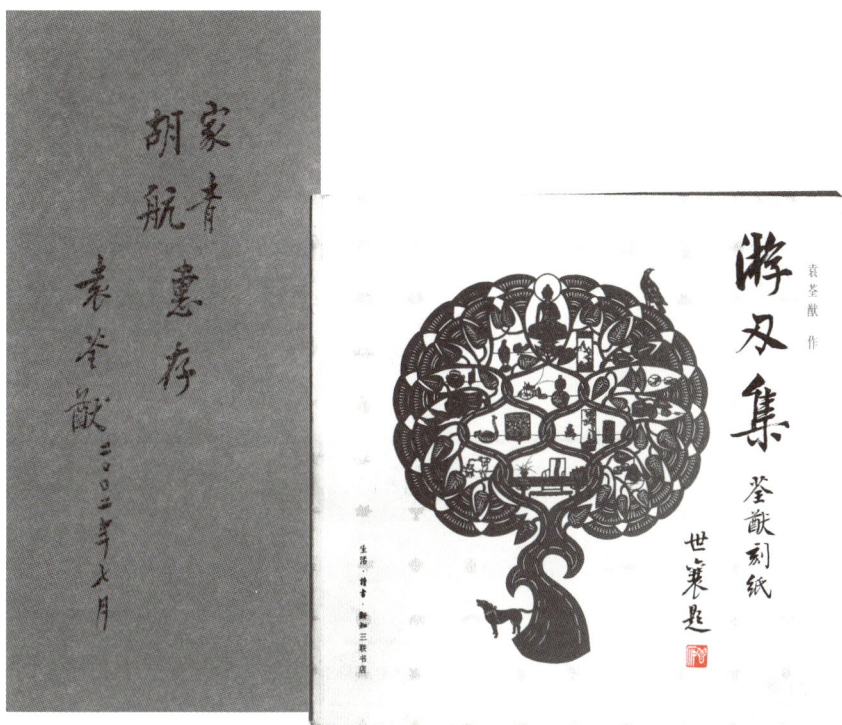

王夫人送给我们夫妇的她出版的《游刃集》一书，扉页有她用毛笔写的题署，字体隽秀工整，可谓字如其人。

候一个老头儿，可我倒好，我不光伺候他一个老头儿，我还得伺候他玩儿的这些玩意儿。你说我冤不冤啊！"

她说这段话，等于是又累了一年，当做一个发泄。当时大家都一块儿乐，王先生也跟着乐，一般他会拱手抱拳，向夫人作作揖，打着哈哈，说着他常说的那句口头禅："不冤不乐，不冤不乐。"其实，王先生一年更是为此累得不轻。我相信，所有跟他有琴缘的人都听到过，王先生自嘲为"琴奴"。

师母嘴上虽这样抱怨，可从表情和眼神里，分明可以看出她是心甘情愿的。她说归说，可回过头来该怎么干还得怎么干，该怎么累还

约在二〇〇〇年，我和妻子与王先生及其夫人在芳草地一酒家饭后合影。

得怎么累，按她话说，"操不完的心，费不完的劲"。而两人的心心相印也就在此吧。

回过头来，设身处地仔细想想，也就不难明白师母当时说这话的心情了。她不仅照顾了王世襄先生一生，而且拼着全力照顾着王世襄先生的藏品。每当人们参观上海博物馆的家具展览，观赏这些珍品家具的时候，应当记住，在王世襄先生这批保存至佳的明式家具背后，也有王夫人多少年来默默付出的心血。

八十年代，国务院副总理谷牧去过芳嘉园的这个院子。他对中国文化有深入的理解和认识，也喜爱古代艺术品，对王先生相当的敬重。他当然知道，这小院屋中，放着堪称国宝的价值连城的文化遗产。

当时他说，要想办法把这个院子收回来还给王先生，并成为一个明式家具陈列馆。他说的不是冠冕堂皇的官话，而是真心话。可没想到，"文革"后，中国落实退赔房的工作牵扯面太广，政策性极强，他真心想帮助解决，可也真难处理。"文革"期间，安排搬进院子里住的人，让他们搬进来容易，可是要让他们再搬出去，那可比登天还难。

结果，谷牧副总理的确尽了力，但仍没能解决问题。由此，我理解了一句老话儿："请神容易送神难。"

王先生住所的问题日益恶化。中式老房子抗地震，一般震不塌，反倒是年久失修、糟朽渗漏等慢性侵蚀，却能导致坍塌。地震后北墙受到了破坏。八十年代后，房子漏雨越发严重，王先生满屋东西，而修房又不是一半天就能修好，东西搬出去，当天搬不回来，而且院子里也被那个白铁匠弄得根本没地方放，所以这房子根本没法维修。为防雨，就靠着北后墙盖了一块大苫布凑合着。

后来，谷牧副总理实在看不下去了，但又无可奈何，便慢慢又构想出一个以家具换住房的方案。王先生也愿意。谷牧副总理就在一次会议上把这个情况反映给北京市委和文物局。

当时北京市的主要领导人闻讯之后，的确也亲自来看过一次。

王先生向他明确表示，可以把一部分藏品捐出来，换一套房子，跟国家绝不计较。可真不知道这位领导是怎么想的，当时未置可否，过了几天，竟派人拎着送来了几个灭火器，让人哭笑不得。王先生跟我说，这叫"礼节性婉拒"，是政治家以政治和外交方法的回复，真叫一个绝！

此事稀里糊涂也就算过去了。大概在政治家的眼里，文化、艺术，再好，也算不得什么吧！王先生多次说过：人，悟性最重要，最怕的是没悟性和有俗气，两者都不可教，且无药可救。这个道理在此又应验了。面对这些稍微有点文物知识就能被震晕了的国宝，他都看不明白，竟无动于衷，你就能理解了什么叫没悟性。

这边的念项儿彻底断了，只好再想其他办法。

上个世纪九十年代初，美国加州筹办了一个中国古典家具博物馆，有计划准备长期借展王先生收藏的明式家具。王先生的心情稍感宽慰，至少可以给藏品找个暂时栖身之处，先腾出地方修缮房。但后来，由于各方面原因，美国这家博物馆未能建成，计划又落空了。

一九九三年，经过种种波折，王先生所藏明式家具入藏上海博物馆，终于找到永久的归宿。王先生拿到了钱款，准备购买住房。

出乎意料，买房也不容易。看好了位于东便门的公寓，可人家不卖。后由有关领导批示，可买一套。东便门的公寓没有大户型，百余平方米一套，仅摆放王先生的书籍都不够。全国政协副主席钱正英看不下去了，在她的呼吁和催促下，那位北京市委的领导给有关部门写了一封介绍信，由王先生拿着信，自己去有关部门联系协商。

闻知此事，开始很高兴。但王先生一拿到这封信，就说："这位领导写的这份介绍信可能有'猫儿腻'。首先，信中的语气显然说得就不诚心。信还是横着写的。据说横着写的是不用当回事儿的，竖着写的才是好使的，才能真正解决问题。"当时听着都觉得挺奇怪，真有这种事儿？以前听说过：东北大帅张作霖，不识字，但人很聪明，批发钱款的时候大毛笔一画，只有一道儿。但这一道儿里有讲究，这笔里藏着一根针，即墨迹中会有一道飞白，一般人不知道，只有账房明戏。他的副官想贪污，假造批文，也照着他的办法，大笔一画，送到账房，一眼就被识破了，因为笔道中没有那一根针刮出的那道飞白。

后来，听王先生讲他亲自拿着这封信去交涉的过程，主管人员看过"手谕"后"一眼明"，根本不当回事儿，用那种很冷淡的官场语言和方式，把王先生给"顶"了回来，等于是变相地告诉王先生"多买房是不可能的"。因此，又是稀里糊涂不了了之。

到了九十年代中期，中国的农村经济发达了一些，交通也较以前便利。有的人就开始在郊区农村里买小院儿居住。

一次，我推荐王先生去看一批葫芦器收藏。藏主马洪泉一直在琉璃厂经营木器杂项小件，他非常有心，多年来收藏有上百件葫芦器，是我所知国内此项收藏中除王先生所藏之外最好的一家。他眼力又好，

二十一世纪初年，我和胡航在王先生新搬入的公寓家中。

藏品中有一些是自然长成的"本长"葫芦，有一些是"官模子"，还有"三河刘"。我建议王先生去看看，就当是散心。王先生很感兴趣，就去了。

马洪泉住在北京东南郊农村的一个小院儿里，有这些葫芦藏品陪伴，还养着几条狗。而王先生自少年时就特别喜欢动物。看过藏品后，藏主请我们吃了一顿很有特色的农家饭。回来的路上，王先生颇为激动，说："农村这地方既能养狗，东西放在那儿，又安全又清静，真不如去农村找个小院儿住。"

自打那天开始，有一段时间里，我就陪着他东西南北地一通跑，寻找合适的农家院。其间有初见感觉还不错的地方，激动过，兴奋过，但等他回来后静下心仔细想想，若两位老人在农村生活工作，会有很多根本解决不了的现实问题，不仅是困难，也不现实。

直到一九九四年，随着商品房的出现，王先生才买下两套中意的公寓房（期房）。至一九九六年，终于搬进了公寓，有了晚年安身之所，居住问题才最终得以解决。

對中國古典家具的研究，我們做得太少……

了，不妨說還未開始。年代緬邈，席地而坐

時期的家具姑置勿論。從唐宋之際桌椅

逐漸定型，一直到晚清家具淪而極端的畸

式主義和一副殖民地的可憐相，其間有多

數區域有待我們去探索，多少問題值得我

們去思考解答。例如家具由矮而高主要

受生活的支配，而生活又和經濟

文化有密切的關係。如能大處著眼，從

这是1990年王世襄先生为中国古典家具研究会撰写的一篇致辞，共四页，这是第一页，文中谈到了他对古典家具的见解，并指出了今后研究者应该遵循的研究方向，这亦是他的一篇倾心之作。我见他从结构、设想、草稿、修改直到用毛笔誊写，用了相当长的一段时间，它称得上是王先生的代表作。

天 意

　　在王世襄先生丰富广博的收藏品中，最为重要、数量也最多的品项，是明式家具。在近半个世纪的收藏生涯中，他能凭一己之力收藏到这些精绝之品，简直称得上是旷世奇迹。

　　前些年我曾想过，中国应当从全世界现今存世的明式家具中，精选出能全面代表明式家具辉煌成就的十二件藏品，推出一套明式家具特种纪念邮票。我不断在脑海中回忆几十年来看到过的海内外各大博物馆和重要收藏家所珍藏的明式家具藏品，反复过滤筛选，哪些件明式家具具备入选资格。思来想去，在曾经过眼的上千件珍品中，若挑出十二件极品入选，其中五件应来自王世襄先生的收藏，两件来自陈梦家先生的收藏，其他全世界公私所藏仅占五件。

　　明式家具和清代宫廷家具是中国家具史上最为重要和最为辉煌的两个大类，尤其明式家具是五千年中国文化在物质领域的结晶，其意义和价值已经超越了一般家具的范畴。王世襄先生所藏，是明式家具精品中的精品，近百件形成的规模可看作是明式家具的代表，称得上超级国宝文物。我坚信，随着时光的推移，世人将逐渐领悟到这近百件明式家具所具有的无可替代的地位和重要性。

　　这批明式家具，如今已入藏上海博物馆，对于为什么不是无偿捐献，为何不留在北京，这些年来，曾听到有人对此颇有微辞，甚至还听到业界的名人发出的责怪之声，这纯粹是他们不了解情况。作为亲历者，我对全程首尾和来龙去脉记忆得还算清楚。

　　多年以来，王先生一直在为这些藏品的最终归宿而操心。他说过，这批家具一定要完整留下，绝对不能再拆散分卖。无论多么困难的时期，无论多少人恳求，他从未卖过一件。最终捐到哪里，也一直在他的考虑之中。我想：任何人首先会想到，故宫应是这批家具最好的归宿地。故宫本就是清代宫廷家具最大的收藏地，而明式家具的艺术和历史价值更为重要，如果王世襄先生收藏的明式家具能加入其藏品之列，故宫将成为集大成的中国古典家具中心。说起来应是最圆满的结局。

然而，故宫博物院对这批藏品一直未表示出积极的态度。

另一方面，王先生对故宫是否真能保存和善待这批家具心有疑虑。

古代家具，尤其是珍贵的硬木家具，其实相当娇气。像紫檀料的家具，木质表面非常娇嫩，就如同人的皮肤，最怕太阳晒。故宫博物院出版的故宫藏《明清家具》[1]一书，竟有把极为明显的紫檀家具标注成"黄花梨"料制作的情形。我相信，其中一个原因是故宫中有的紫檀家具给晒得颜色变浅了，所以依据颜色才被误认成了黄花梨。

故宫的宫殿都坐北朝南。古家具摆在南墙窗户根儿底下，直受日光的照射。居住在北方的人都知道，北京坐北朝南的房间，日照时间特别长，即使有前廊，但案类、椅类的家具较矮，仍然晒得着。这一年三百六十五天，日复一日年复一年地晒，什么东西能经得住！为此事，我曾向故宫人员说起，可他们说这是按原来的陈列形式摆放。我甚至提出过解决方案，窗户玻璃贴上防紫外线膜，既能遮光又不碍观看，或者在前廊上加帘，它不会影响观看，每天由现场工作人员负责拉开、关上，只要没有紫外线就行了。可我人微言轻，人家根本没当回事儿，左耳朵进去，右耳朵就出来了。到后来我干脆不去看了，免得心疼。您站在王先生的角度想想看：再好的东西给了他们，他们能认真上心对待吗？能让他放心吗？

而对比之下，我们对传世珍贵家具，看得比生命还重要。这绝非戏言，仅从搬抬家具的方式和方法就看得出来。记得他几次向我讲起，

---

① 故宫博物院藏文物珍品大系《明清家具》，上海科学技术出版社二〇〇二年版。

早年他从地安门买到的铁力大香几，由平板三轮运回家的路上，他坐在平板上，大香几是垫在两脚之上，双手把着一路回家的，生怕香几被颠着，结果双脚痛了一路，硌出两道沟，都麻木了。直到岁数很大了，王先生每次搬家具都必定是怎样能保护家具怎样搬，自己怎么难受都不在乎。尽管如此，王世襄先生一直在想方设法尽量地把这批明式家具藏品留在北京。但没想到，北京却不以为然，愣是不要（参看本书《安居》一章有关内容）。这天底下的事儿就这么奇怪，来得容易的，都不会珍惜，看来这是个永恒的真理。之后，他也考虑过其他博物馆。例如：黄胄先生曾多次向我提出，希望我能帮他劝劝王先生，将他的藏品放到炎黄艺术馆。有一段时间，王先生甚至还考虑过自己建立一个博物馆，但是看到黄胄先生办博物馆，差点儿没给累死，觉得不成，只能作罢。最后，经综合考量，还是给了上海博物馆。

　　对于个中情形，尤其对王先生这批明式家具到底算"卖"还是算

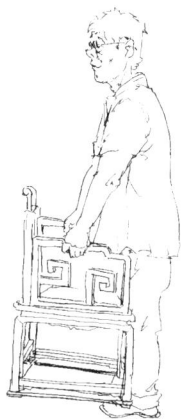

1. 一般人的拿法 　　　2. 爱好者和专业的拿法 　　　3. 像我们这些把家具看得比
　　　　　　　　　　　　　　　　　　　　　　　　　　　自己生命还重要的人的拿法。

从搬运家具的手法方式便可看出不同人对于家具的不同重视程度，以搬有托泥（带底架）的大扶手椅为例：

"捐"，社会上有些争议。对此，王先生在二〇〇二年十月接受艺术杂志采访的访谈录中说道：

> 恰好此时上博修建完工，有家具展室，但没有家具。上海朋友庄先生和我商量，想买我的家具捐给上博，我提出的条件是：您买我的家具必须全部给上博，自己一件也不能留，如同意，收入《珍赏》的家具我也一件不留，而且我不讲价钱，你给多少是多少，只要够我买房迁出就行。当时所得只有国际行情的十分之一，但我心安理得，认为给家具找到了一个好去处。就这样，搜集了四十年的七十九件家具都进了上博。还有，七十九件中有明代一堂的牡丹纹紫檀大椅，是举世知名的最精品。在《珍赏》中只用了一件，出现过两次，按照我和庄先生的协议，我只需交出一把，可以自留三把，但我四把都交了。原因是四把明代精品在一起，太难得了，我不愿拆散它们。还有在我家中多年，四把椅子从未按应有的格式摆出来过。到上海可以舒舒服服地同时摆出来，那有多好啊！《珍赏》中还有一件黄花梨小交机，出书前我已送给了杨乃济先生，故书中写明藏者姓名是他不是我，过了几年杨先生把交机还给了我，我最近又无偿捐给了上博。这样就凑了一个整数，共计八十件了。[①]

这就是事实。懂行的人一眼就看得明白：这其实就是半送！

如何将这批国之瑰宝运送到上海博物馆，曾叫人煞费苦心，其间还有一段周折。外界对此可能并不了解，借此次机会简要说明。

王先生与上海博物馆，对这批家具的运送事宜，有着各自不同的

---

① 二〇〇四年《中国书画》的大师访谈《生活就是艺术——王世襄访谈录》一文。

顾虑。王先生是怕从北京运往上海的途中遭到损坏，而上海博物馆对这批家具的价值知根知底，担心北京方面知情后，会劝阻王先生改变主意，设法留在北京，不允许运走。

先说王先生这边。

一九七六年，王先生的好友朱家溍先生的家族，将家藏十几件极为珍贵的明清家具，无偿捐献给承德避暑山庄。万万没想到，运送过程中，货车司机竟为了拉私活儿，把这批家具三下五除二，全从车上给扔了下来，在客店当院里堆放了整整五天。待他干完私活儿后才又扔上车运到了承德。结果，这批托运的珍贵的家具损失惨重，其中一只极为贵重的清乾隆紫檀圆墩，愣把一个牙子和托腮给摔掉了，另一件造型极为优雅的紫檀嵌玉小宝座，连腿足带托泥整个儿摔散丢失。后来，此件小宝座又送回故宫修复，修理的时候我也参与了，还拍了照片。看看下页的对比照片您就知道给摔成了什么德行！更离奇的是，事后竟没人对此负责，不了了之了。

鉴于此，王先生真被吓怕了。因此如何把这批珍藏妥善运走，别重蹈朱家那批家具的覆辙，毁于一旦，成为王先生最最关切的问题。开始时，王先生跟我说，为了安全，要找专门的运输公司。但是先后联系了两家之后，公司办公室的脏乱样儿和调度员那叫一个"粗野"的言行做派，把我们给吓回来了。

显然，当时国内的长途运输公司没有一家能令王先生放心。后来，我们找到了大通国际运输公司。那时，该公司在霄云路设有办公室，好像是当时国内唯一一家国际运输公司。经联系后，我发现人家的业务级别很高，主要从事国际空运，对国内的业务并不太熟悉，也不太合适。王先生也觉得挺遗憾，而且通过这几次与货运接触更加重了他的心理负担。为了确保万无一失，无奈之下，他让我找到英国驻华大使麦克·洛瑞恩（Mike Lorean），希望得到他的帮助。我曾带他参观过王先生的收藏，他对王先生也特别尊重。我们探讨可否以国际外交货物的名义，找一个可靠的国际运输公司来运送，以期做到绝对的安全

清乾隆紫檀嵌玉小宝座

原萧山朱氏旧藏，避暑山庄藏

宝座五屏风式，靠背正中嵌玉雕团
寿五片，高束腰内雕古铜器蕉叶纹，
此椅雕饰精美而不繁琐，壮硕的四
足增添了宝座的稳重感，如此的造
型和做法，传世仅此一件，是一件
极为精美的清代宫廷家具代表作。
此照片为捐献之前所摄。

此宝座被摔坏后，在故宫修复时拍摄。三个腿子和牙子都丢了，由于整个托泥被摔散丢失，
故宫中也很难找到这样大的紫檀料，只好用普通白木头复原后再刷上颜色。每次看到这张照
片，都气得心尖喷血。

British Embassy
Peking

14 April 1993

Dear Mr. Tian,

I have just received the magazine you sent me.

Thank you very much indeed. I have four earlier editions, but not this one; I am especially pleased because, as you point out, it has these two excellent articles.

I have some information for you about a packing and transportation company. Crown Pacific, operating from Hong Kong says they have packers capable of looking after precious antique furniture. They only accept payment in US dollars, however. Insurance is with a highly reputable New Zealand company. The contact person is Mrs. Carlyn WEI (an American lady married to a Chinese), telephone: 500 2255 Ext. 1140. She is Crown Pacific's Customer Services

为运送这八十件珍贵家具，英国大使夫人就推荐运输公司事宜给我的回信。

保险。对此，英国大使表示大力支持，大使夫人更表示愿意全程义务帮助并亲自参与监督。

再看上海博物馆方面。

上海博物馆从不担心运输安全。可他们怎么也想不通：为什么北京市政府和文博机构没有出面阻拦此事。因此心里犯嘀咕，担心这期间若北京方面醒悟了，这批古家具出不了北京。他们的顾虑绝对有道理，一点儿也不离谱。我相信，若当年咱北京市委和文博系统中哪怕有一位领导人，能意识到这批国宝家具的哪怕是一半的价值，而且人家仅仅付出了市价十分之一的酬金，肯定都会想方设法说服王先生将之留下来，绝不会让这批世界闻名的精品就这样给一锅端运出北京。

最后，上海博物馆决定，由馆方派人亲自赴北京负责接运。

对此，上博马承源馆长真是费尽了心机，他巧妙地采用了"曲线"搬运的方法，先将王先生的七十九件家具从家中快速地运到了一个北京极安全可靠的中央大机关。此机关与古代艺术品无关，在那里放了一段时间，仔细打包装后，上海博物馆又派来了人员和至少一个排的武警战士，负责装车和跟车押运。

那天，他们是晚上出发的，大约在夜里十一点钟左右，我接到了上海博物馆负责运送家具的人打来的电话。他仿佛紧张之后长舒了一口气，又轻松又兴奋："我们已经出了北京的地界啦！"言语之中，听得出来他的激动之情。我生在北京，长在北京，对北京有一种极为特殊的情感。每次外出回北京，当飞机快着陆或是火车将要驶进站台时，心里都会泛起一阵一阵莫名的欣喜，可见我对北京的感情之深。对这批珍品归宿上海，我的心情可谓五味杂陈。可回想起这些年北京市政当局、包括北京那么多的文博机构，对王先生和这批明式家具的态度，真是无奈。我只好回了他一句："放心走吧！祝一路顺风。"

后来，陈梦家先生旧藏的十几件明式家具珍品，亦由上海博物馆购藏了，其间我也帮了忙。也是一样，在运走的那天，车行途中他们也给我来了个电话说："我们已经出了北京的地界啦！"

人应该站在更有气量和更加高宏的角度看问题。陈梦家先生这批家具中，有二十四件曾经在王世襄先生《明式家具珍赏》一书著录过。在书的扉页上，王先生题词曰："谨以此册纪念陈梦家先生。"那么，陈梦家先生的珍品能入藏上海博物馆，与昔日老友王世襄先生所藏八十件家具合璧联珠，理当如此，更是天意，颇有"人间正道是沧桑"的气概。

上博人的精神确实令人感动，尤其我对创建新上海博物馆，也是促成此批家具归宿上博的主要策划者马承源馆长特别钦佩。几年以后，有一次，上海博物馆得知嘉德拍卖公司流拍的一件家具，原本也是陈梦家先生旧藏时，便来询问我。我记得清清楚楚，对这件家具的品相年代如何，他们问都不问，只是在电话里连着追问了我三遍："田先生您是不是确认这是陈梦家先生的收藏？是，我们就要了。"这说明他们对陈梦家先生的认可。我认为，最高的鉴赏力是理解人。对比之下，再想想咱们北京和故宫博物院，真是令人无言。

今后，如果再想观赏和研究明式家具，无疑，您只能去上海了。

后来有个机会，我和上海博物馆汪庆正副馆长应邀去香港出席一个博物馆开幕仪式。在旅途中，他告诉我："王先生这批家具在上海极受欢迎。统计表明，在上博诸多的专项展馆中，以参观家具馆的人流量最多。"

明代铁力木四出头大官帽椅，王世襄先生旧藏，现藏于上海博物馆。此椅尺寸巨大。（高116厘米，宽74厘米，进深60.5厘米）读者们不妨多看看、品品，看能否从中感受到明代文人那种孤傲的精神世界。

这些年来，每次我到上海，都一定会以一名普通游客的身份去看看陈列在上海博物馆里的那些家具，就像去探望阔别多年的老朋友。回想曾与这些家具共处二十多年，心里的感受，一言难尽。那时，它们是那样窘迫局促地堆挤摆放在一起。但现在，有了那么宽敞华美的展览大厅，在温暖柔和的博物馆专用灯光的照射下，显出傲岸的气派，将优美的线条和珍贵材质的质感，完美地展现给观众。上海博物馆还有研究人员进行专题研究。虽然在有些个别的学术观点上我们有些不同，但是他们的精神令人感动。

　　我觉得，这些堪称是人类文化遗产的精极珍品真是找对了归宿，终于有了一个安稳的好家。站在展览大厅中，心中生起一种感觉，这些有三四百年历史的家具精品能从四面八方来到这里，重聚在一起，定是上天在冥冥之中已有的安排，乃是天意。上海博物馆理应该，按北京老话说就是"该着"得到这样一批瑰宝。希望一代一代上博人能继承他们开山老馆长的精神，珍惜之并为中华民族的这批物质瑰宝永远地悉心保护与传承下去。

逸 事

说山（一）

"云山雾罩"和"说山"两词，前者是指说话没边儿，不着边际，没谱儿；后者指"吹牛"，有点现在"忽悠"的意思。这两种现象在任何年代都会有，但近年来越发严重了。这是王先生说的"十弊"（时弊）之一。王先生说话非常精炼，往往能用最少的词汇极为准确地形容出事情的本质和核心，记得他几次说到"说山"，都十分幽默有趣，涉及的事儿也都挺有意思。

大约在二〇〇〇年前后，有一天，一位从东南亚来的华人实业家，通过关系请一些老人儿吃饭，记得参加的有王世襄、黄苗子、丁聪和他们的夫人。本来成功的工商业人士喜爱艺术，与文人相聚聊天吃饭照相是挺平常的事儿，过后就都忘了，只是这位先生"忽悠"的功力十分了得，所以使得这次聚会令人记忆犹新。

那天落座后，他先介绍了一通准备好的葡萄酒，由于讲的内容过于丰富，以致细节现今我也记不太清了，只是当时觉得这天底下最有学问最有讲究的事莫过于红酒了，半小时全听他一人腾云驾雾地说。接着他又说我今天请大家吃涮"肥牛"，"牛肉是产自新加坡的，现正从机场派专人接送过来，马上就到。这牛是头半夜刚宰杀的，随后专程由人陪送上飞机，做排酸处理，等到我们餐桌上正好十二小时，此时是牛肉的最佳口感状态，这都是按事先计算好的时间特别安排的。"在大家"啊"的一声惊叹中，他又说："这个牛可不寻常啊，品种和血统高贵。"我也记不清他当时说的品种专业术语名字，大家听后又都"啊噢"的一声。

他又说，"不仅品种，这牛自生下来就没吃过饲料和粮食。"大家都"嗯？"地一下。"它只吃鲜花生米。"大家"呦！""它不仅不吃粮，还没喝过水。"大家又"啊"一声。"它从小到大只喝鲜啤酒。"大家还没缓过神来，他又说，"这还不算什么，它每天还有专人陪护，为它做两次按摩。"后来，我有次和王先生说起这事儿，王先生笑了笑说："不就是'说山'呗！"

不过这种"说山"是良性的善意的，挺能调动气氛，关键是他带来的牛肉确实品质很好。配上热气腾腾的火锅，在"云山雾罩"中吃涮肉感觉挺好。记得那天丁聪先生吃得特别多，他夫人说他有糖尿病，劝他少吃，他一挥手诙谐地说："我治糖尿病的高招就是多吃涮牛肉，尤其是吃'吃花生喝啤酒长大的牛肉'。"

更会"说山"的，但说得让人觉得特别讨厌的也有。记得大约一九九〇年前后，北京的一个胡同里出来了一个叫"某某菜"的会所式小院饭馆，坐落在胡同小院儿里的一间房里（现在这种形式的馆子也越来越多，不知在当时它是不是第一家）。每晚只接一桌贵宾，吃饭需要预订，听说至少也得提前两个月到三个月。去到那儿先看它的历史，有一大本相册，里面的照片都是接待过的重要客人，基本都是VIP。订位说得挺悬的，每每都说近期都订满了，要等很久，可我和王先生都去过三次了，都是人家请客。这家饭店的特色就是"说"，主人从头说到尾，从一进门就开始娓娓道来，每道菜上来都接着"侃"，听一肚子"侃"。听着那才叫"云山雾罩"，适应的是"猎奇"的外国人。

他家的这种做法，正是王先生反对和反感的形式主义。王夫人对此也极为厌恶，回来的路上还说："他们不光是会'说山'，他这儿不是吃饭的，他这儿是'听饭'的。"后来，再有朋友请去这里吃饭，老两口儿是坚决不去。这么多年，在我的印象中，王先生和夫人十分能"将就"，每每有人请客吃饭，到哪儿吃，吃什么，二位从来都没有要求和挑剔。北京的餐饮业，这些年来花样翻新是特别的快，但实事求是地说，真在菜系上下功夫的并不很多，都爱在形式上做文章，王先生也都将就了。可唯独有两个地方两位老人坚决不肯去，这是其一。另一个就是后来大约在二〇〇二年或二〇〇三年，在东三环开的一间以监狱为主题的餐厅，餐厅打造得像监狱。王先生应邀去过一次，觉得这是形式主义到了家，后来再有人请去这家餐厅吃饭，他坚决不去了。但是我们讨厌也没用，社会风气如此，后来效仿这种做法的地方还越来越多。

说山（二）

二〇〇三年十一月二十六日下午，中国嘉德举办了"俪松居长物志——王世襄、袁荃猷珍藏中国艺术品"专场拍卖会。这是嘉德历史上第一次以收藏家一生收藏为专题的专场拍卖会。当天办牌参加竞买的人太多了，站着的人都挤满了拍卖大厅的每个角落，许多没办拍牌儿的都挤在大厅外等着看现场录像。会场气氛之热烈，气场之大，令人难以形容。事后这么多年来，许多久经拍场的藏家们和拍卖业界的人士都言称这是他们所经历过的最为热烈的一次拍卖，终生难忘。

一开拍，场面火爆程度就难以形容了，人们情绪近乎疯狂，几个小的铜炉起价几万元，刚一报价，场内就有人喊出五十万，接下去就一百万，人们似乎在通过参与竞拍的热情来表达对王先生的敬意，让人激动。同场的竞拍者如同"抢"一样，在现场的我也如同做梦一般。等竞拍结束后出门时，更有意思的事情发生了，有个人围堵在门口，见着拎着牌的、拿着签单的（表明已成功竞得了拍品），出来一个问一个："先生，您拍着什么了，我多出二十万您匀我一件行不行？"他甚至都不管也不问人家买的是什么。只因当时场上没有买到，好歹能逮到一件就行了，这是最后的机会了。

在场内时，我坐在右后方，到了中场拍卖唐代古琴"大圣遗音"，先放了一段事先请郑珉中先生用此琴弹奏的古琴曲《良宵吟》，燥热亢奋的情绪才稍平静了一会儿。刚放完琴曲，场内气氛又达到了顶峰。我估摸着王先生这会儿已经午睡过了，想让他感受一下现场的气氛，我拿着一部手机，打给王先生，我说："您听听现场的热闹吧，都拍疯啦！"然后把手机转向会场，过了一会儿我问他，他说："听不太清楚，算了吧。"便挂了，听口气，并不在意。

拍卖前一天，一位海外的先生打来电话让我代他竞拍两尊佛像，（见下图）一尊为铜鎏金，一尊为木髹金，听口气有留个纪念和捧捧场的意思，他说："你就照着底价加两三倍给我买回来吧，高点没关系。"没想到，拍这两件时，我把拍牌拿在手里，连举一下牌的机会都没有，刚一报马上就有人喊出五倍的报价，最后是底价的数十倍成交。其热烈的场面真是令人犯晕。

拍卖结束之后，我们夫妇俩随同国家文物局局长张德勤先生一同前往王先生家中，到了那，我们还是一脑袋热气腾腾，沉浸在刚才热

明鎏金铜雪山大士像（王世襄先生旧藏）　明金髹木雕雪山大士像（王世襄先生旧藏）

172

烈的气氛之中，不禁又一一谈起了拍品。王先生谈到其中不少确实有相当的艺术和历史价值，尤其是宋代古琴"梅梢月"，虽年代并不是唐代，但声音、形制甚好；又如明万历缠莲八宝纹彩金象描金紫漆大箱，是难得的明代官造漆器，拍卖落槌价并不高，应该说很多买家真是运气，以合理的价格拿到了有思想性和高艺术水准的珍品。但有的小器物价格都飙到了几十万上百万，就显得有些不可思议了。

王先生十分淡定地坐在那儿，说："早期买的东西就当个玩意儿，不值这么多钱。"张局长说，"不，不，不！王先生，这还是您眼力好，也是这些东西绝，要不人家也不会买。"王先生笑呵呵地说，"那也都是那么一说，这不是为了买去'说山'么。"

客观而言，这次拍卖的空前盛况，是竞买者从内心对王先生人格魅力的肯定，是社会对他一生学术成就和眼力的肯定。十年过去了，现在看，这场拍出的器物有一个算一个，都物超所值。记得当年以三百万元拍出的紫檀龙海兽笔筒，于二〇一二年底同在嘉德秋拍上再次又以七千万元拍出；而十只当年被认为是以天价一千万拍出的香炉，二〇一二年于北京匡时拍卖公司又以一亿元拍出。匡时公司事后曾在记者访谈中诚恳地讲道："王世襄先生的东西拍得这么好，不能说是我们公司的本事，任何拍卖公司拿到了王世襄的藏品都能拍得这么好。"

在此次拍卖前，中国嘉德公司在北京为王世襄先生主办了一场他和夫人的收藏展。王先生生性不爱张扬，所以能够看到其藏品的人相当少，此次展览是第一次将包括在《自珍集》中他收藏的大多数艺术品对外展出，无疑是收藏界的一件大喜事。

展览办得很专业，也很认真。开幕式上还有个仪式，希望王先生能有个讲话。王先生不爱凑热闹，就写了以下这篇稿子，让我在开幕式上代他宣读。这篇看似很随意的文章，却是他非常认真写成的。王先生的写作有个属于他自己的习惯，就是将两页稿纸摞起来，中间放上拓蓝纸，完成后上页交出去，下页留底，此方法可以省去复印。这次，交给我去读的便是他手写的上页。

此篇文稿字数不多，内容看似简单，其实相当深刻，若细读起来，就能品出点"味儿"。给我稿时王先生对我说："你最好提前练一遍，到时别念错啊！"我看了一遍说："我去看过展览现场了，布置得不错，人家办展工作人员挺累心费力的，应该在前面说一下致谢吧，到时候

了，总会不得买新的。吃饭也很简单，不下饭馆，却有时留朋友吃便饭。好在我会烹调，不多花钱也能吃好，比现在吃得有滋味。现在多爱钱也吃不好，原料变了，我也不会做了。对不起，我说到题处去了。

展出的长物，有的或许有研究价值，有的或许有欣赏价值，但未必有经济价值。区区长物，实在不值得来看，两位都光临了，说明看得起我，我真是感到万分荣幸，同时又感到十分惭愧，只好向各位拱手道谢了。

王世襄 二〇〇三年十月十日

174

我先表达一下谢意，您看怎么样？" 他想了想说："太对啦，那我还是在前边写上，免得你到时忘了。"所以在稿子的开头能看到在空格处补写了一行致谢的话："感谢嘉德的同志，不辞辛苦，布置了这个展览。"

我走的时候他对我说："原稿别给扔了，你就留下吧。"

田家青先生代向各位致谢稿

感谢嘉德的同志不辞辛苦布置了这个展览。

这里展出的器物均见拙作《自珍集》。该

集有个副标题——《俪松居长物志》。前三字是

我和老伴表萱眤的嘉名，右三字是说不过是一

身外长物而已。长物可能很珍贵，也可能是一

把破笤帚，我的长物多半接近后者。我从来不

承认自己是收藏家。钱财对文物收藏十分重要。

我的家庭背景和个人经历，说明我根本不具备

收藏家的条件。

尽管我过去只买些人舍我取的长物，几十

年来已使愚夫妇天天过年三十。老伴衣服穿破

说山（三）

　　"还差一道呢！"

　　自本世纪初起，社会上逐渐兴起了品茶热，普洱，紫砂，茶道，香道，火得不得了。我随王先生也应邀光顾过以茶文化说事的会所，还有些送茶的客人，大都以茶和茶道"说山"。我在场听着，只觉得他们在王先生面前卖力宣讲文化的表现特别地可笑，有观看"关公面前耍大刀"的感觉。他们的共同特点是：先显示他们的学问，然后越讲就越来劲，好像在给学生讲课，可讲着讲着又突然一打愣，发现自己竟在给王先生这样博学的"老师"讲课，意识到自己的不是，立马又找补几句客套话，可说完了之后，又忘了，又接着"上起课"来，接着过招。听着他们的忽悠，简直有点像在看戏的感觉。

　　有次在王先生家聊天，笑谈这类经历，老两口儿说其实这都是古人玩剩下的，从古代的陆羽到《红楼梦》里的妙玉，就茶道而言，该说的"山"前人早都说绝了，该变的花样儿也都变完了，现在又拿来"说山"，纯属没文化的人干"伪文化"的事。

　　师母说其实民间早就有个故事，也可称笑话，就是挖苦这些人。说的是前清有位王爷，以玩茶道喝茶为享乐，每天上午必到府中花园儿的亭子里摆弄茶道。摆弄茶时众人前呼后拥，排场之大，形式之繁复可谓极致。有一天，他看见旁边有一位乞丐半躺在草地上，脏兮兮的，蓬头垢面，瞪着双眼看着他们忙活。王爷并不在意，也不搭理，一行人一道又一道地进行着茶道的程序。忙活完了，王爷端起茶杯刚要喝茶，那位乞丐突然大喝一声："还差一道呢！"众人皆惊，王爷说："不得了，这可真是碰上高人了。"赶快请到上座，待请教是差了哪一道后，众人皆服气。但王爷想了想，不解地问："您有这么大的学问，如此懂排场和讲究，想必绝非常人，可为何又落到了如此地步？"那位乞丐说："这您怎么就不明白了呢？这不都是喝茶喝得嘛！"我至今准确记得这段笑话开头是师母提起的，讲着讲着就让王先生接过去了。他越讲越兴奋，尤其是到了那两句："还差一道呢！""这不都是喝茶喝得嘛！"王先生几乎也是半喊出来的，透出从内心对这种瞎讲排场的挖苦和讽刺，其开心的劲头和表情令我记忆犹新。

王先生家里经常有很多客人送来的各种好茶，到了后来，他常喝安吉白茶，他说："都说龙井好，其实也就那么回事，现在炒得太贵，而且很难买到真的，包装做得那么邪乎（老北京话'夸张'的意思），都是为'说山'用的，所以我也不信。"王先生喝茶也极为简单，没有什么复杂的茶具，也没有那么多讲究，只是用一个玻璃杯子而已。

"猴儿精猴儿精的"

"猴儿精"是北京话，形容这人特别精明，严格讲，这话不是骂人，但也不是好话。很早的时候王先生就与我聊过，玩儿古玩的人，大都很精明，精明本不是坏事，但是太精明了往往耽误事儿。

王世襄先生对古玩圈儿很熟，除了收藏了很多的珍品，更重要的是他在收藏过程中不断地体会"人"。他慢慢发现古玩行业里一些人特别精明，会耍心眼儿抖机灵，也曾经告诉过我一些旧时古玩行里抖机灵的故事和乐子。例如前文说到的民国时期撰写《古玩指南》的作者，他原本是位中学老师，后来在琉璃厂开店成了古玩商，主要是经营铜炉，其实他本身对铜炉的理解并不是很深，对其他的门类更不很在行。他想写本鉴定古玩的书，自己又写不了，后来，想出了个点子：他到东西琉璃厂的各个行当的古玩店，让人帮他写，本来是他求人帮他，可他就在这个环节要了个心眼，反而说是他来帮人家。比如，他对古墨不太了解，就到卖墨的店，跟掌柜的说他要买墨，不是他自己买，是认识一位外国冤大头要买，让掌柜的把店内所有的墨都写一份详细的介绍说明，再写一份材料介绍古墨的历史、由来、掌故等，然后他好跟这位冤大头推销，若写得好，保不齐人家全买了。掌柜的一听，能有这么个大买卖，立刻应下写得。照这个路数，他去各专项店家逐一照此办理，一圈跑下来，一本"攒盘儿"的书便"写"得差不多了。想想这位仁兄可比现今写文章抄袭的人机灵多了，连抄的工夫都省了，还得让人家感谢他，不知道的人看他"写"的书，还以为他什么都懂呢。但是，古玩店的掌柜们哪个是傻子？一块儿抖机灵，在介绍中说好的，不少是他们家多年卖不出去的陈货和瞎活儿（赝品）。这样，由一批抖着机灵的人"写"出的"攒盘儿"的书，介绍的内容、招数、技法，其价值和可信度您说能有多少？

王先生说人如果太精了，实际最后也未必准占得到便宜，往往会"傻小子抖机灵，玩儿砸了"。这节故事的题目叫"猴儿精猴儿精的"，就是出自王先生说过的这样一个事：北京当年有一位专门倒腾葫芦的商贩，姓孙，由于他为人处事太过精明，人们都管他叫"孙猴儿"，形容他像猴儿一样机灵。王先生跟他有过一次邂逅，说起来这次孙猴儿还真是"玩儿砸了"。

大约上世纪三十年代，一次，王先生去地安门的一个古玩店里看葫芦，玩儿葫芦的人都知道，"三河刘"的"鸿雁"特好。王先生说，那天他一进店就看见这位孙猴儿也在店里，手里拿着一个品相相当好的"鸿雁"，正在跟店主砍价呢。店家出的价已经被压得相当低了，但是他还想再降，店主不同意，他便抖机灵，把葫芦还了回去，装出一副爱卖不卖的样子，转身就走。可他走得很慢，来来回回犹豫不决，心想店主一定会转念挽留他。可事实并非像他预想的那样，店主并没有半点留意。此时王先生在旁边看着，孙猴儿看王先生岁数小，觉得他不懂，故未理会。此时的王先生已经看准了机会，他心里明白，这小子看上眼的东西绝差不了，按他砍下的价买肯定是物超所值，要是王先生自己去上阵，还真砍不到那么低。当孙猴儿刚把第二只脚迈出古玩店的门槛儿时，王先生立刻上前一步，按照刚刚店家出的最低价，"啪"地一下把钱拍在桌子上，"拿下！"（按照规矩，当顾客双脚一迈出大门门槛，就意味着离开了店铺，刚刚谈论的交易结束了，买卖没成，店主便有权将此件器物再卖给别人。）再回过头看这孙猴儿，脸都绿了，脑门儿上的青筋都快爆了。

由此可见，太过精明，未必是好事，正所谓"聪明反被聪明误"。

一九四九年以后，中国古玩行业基本断档，没有多少玩收藏的人了。一直到了九十年代收藏热再度兴起，国内才出现了一批新的古玩爱好者、收藏者和倒腾者。这一批人岁数大多与我相近，算是一代的人。这批人的特点是从小经历过贫穷、艰难和"文革"动乱，虽然很多人都没正经上过学，但有过插队、当兵、工厂做工等在社会上的磨炼和经验。相比之下，有的人可比当年的"孙猴儿"们更加精明老练，而且往往特会来事儿。有些这类人跟王先生有过来往，他们把聪明劲儿都放在古玩收藏这里了，抖的机灵与上一代的老古玩商比，可谓是"青出于蓝而胜于蓝"，玩儿出来抖出来的都到一定境界了。我在与王世襄先生三十多年的相处中，碰到的这路"英雄事迹"不算少。也正是与这些人的接触，引发了王先生的又一个说法："不长毛比猴儿都精，要是粘上了毛啊，比那猴儿王都精。"

我记得王先生第一次说这句经典名言是在香港。那回来了两个朋友，一起聊天，说起当时有两个玩儿古玩的互相"过招"，一个赛一个机灵，一个一个都跟猴儿一样精，太精明了，"猴儿精猴儿精的"，想出的点子，找出的路数，让人觉得他们没去当政治家，去解决中东的"巴以"冲突，真是委屈他们了。王先生听着就乐了，说："那怎么才叫猴儿精啊？说有的精的那主儿，不长毛比猴儿都精，要粘了毛啊，比那猴儿王都精。"大家一听，王先生这话真是说到点上了，齐声应道，"对，真是这么回事。"王先生紧接着又说，"其实啊，人精明也不是坏事，但太精明往往不是一件好事，太精明了，总琢磨怎么走捷径，太会钻营，必不会去努力。老天爷是公正的，靠'抖机灵'成不了大事，最后反而被精明所耽误了；傻一点，反倒好了。"这使我回想起杨乃济先生讲过，王世襄先生做学问，凭的就是一股"傻"劲儿和"狠"劲儿。

不冤不乐

"不冤不乐"是王世襄先生的一句口头禅，而且每次说的时候脸上总是乐呵呵的，看得出是发自内心的感言，透着真正的乐观主义精神。

我不知道"不冤不乐"这个词儿是早先就有，还是王先生自造的，反正用这个词来形容王先生做事儿的感觉挺准确的。从小处说，"不冤不乐"是一种积极向上的生活态度，就是做事情真正的全身心地投入，不计较得失或结果，不会受太多理性的限制，这一般人很难做到。因为有了这些"不冤不乐"的事儿，让他的人生格外充实，格外光彩夺目。从大的角度来看，"不冤不乐"更是一种精神。都说王世襄先生是"玩儿家"，说他能玩儿，其实他之所以能玩儿得好，能玩儿出名堂的原因之一，就是有"不冤不乐"这种精神的支撑。这种精神实际不光是玩儿，其本质是干事业。这是王先生一生能做出诸多成就的重要支柱。

王先生最讨厌有些人"抖机灵"。其实"抖机灵"最本质、最核心的特点是和"不冤不乐"完全相反的，他们处处事事想的都是怎样以最小的投入获得最大的回报，如何能让自己占到便宜。"占便宜没够，吃亏难受"，而"冤"嘛，就是吃亏，所以抱这种态度的人不可能成大事儿。

王世襄先生有很多"不冤不乐"的故事，像年轻时抓蛐蛐，大老远跑到北京的西山那边儿，几十公里外，不管条件多差，就住在乡下农户家。在大野地里，一个人，拿着扎枪满山遍野地逮蛐蛐，吃不好，睡不好，累得一身泥一身汗的。

当年他也给我讲过多次，他爱"放鹰"。鹰一撒就没了谱了，不定飞往东西南北了，几十里就飞出去了，人就得跟着跑。碰上玉米地高粱地，也得一头扎进去；棒子茬地扎脚，庄稼叶子都是刺儿，扎得浑身刺痒，呼哧带喘地就得跑过去。到了晚上，回不了家，就着风和着雨，找个土堆就席地而卧，眯上一觉。其实更苦的是熬鹰，熬鹰是六天时间，每天二十四小时，两个人倒班看着鹰，王先生是夜班，就是盯着鹰，不能让它闭眼休息，鹰比人可一点也不傻，也会"抖机灵"，它时常偷偷地闭上一只眼睛休息，所以熬鹰还是个斗心眼儿的事儿，不能只在一面盯着看，必须得两面同时看着，这六天，一般鹰没熬完，先把人熬垮了，哪天您要是有兴趣到鸟市上试试，眼对眼地盯着一只鸟的两只眼，坚持俩钟头，你就能体会到什么才真叫"不冤不乐"。

王先生人生中几大成就，都是明知道费心费力，只有投入没有回报的事儿，但他认为是值得的，就会毅然决然毫不犹豫地专心去做。例如做《匠作则例》的研究，古代名词术语的解释和翻译，不仅资料收集研究费心费力，往往不会有太多人看。但他认为这对中国文化和中国历史是重要和有意义的，为的是填补中国在此领域的空白和缺失。所以唯有在心怀"不冤不乐"的精神支撑下才能完成如此之奉献的工作，谱写一段无悔的人生。

回想起来，在"不冤不乐"的这种精神上，我受王世襄先生影响，算是有共同之处。当年编著《清代家具》，为家具拍照就是一个例子。

三十年前，编写《清代家具》，为了高质量地出版，家具图片要拍专业彩色反转片。由于那时没有电脑能修图，照片就必须拍得完美，在当年这属于高端技术，很多家具又不被允许拉去影棚，只能就地在室外搭棚放置背景纸，费时费力，请摄影师也不易，公家的大摄影机构如中国图片社也请不起，一听这么麻烦才拍一两件家具，人家也不来。那时全京城真够水准且自备全套器材的摄影师屈指可数，他们的器材也都是二手货（大都是从日本淘回来的残旧器材，我称这些摄影器材叫"柿饼儿"，因为一个个都被摔得破烂不堪），并非在好的使用状态。能冲洗反转片的只有位于宣武门的中国图片社一家，质量不稳定，经常取出片子一看，不理想，却分不清到底是冲洗得不好，还是拍摄技术或器材有问题。更气人的是，反转片还会经常被冲洗坏，图片社明文告知"洗坏了只赔偿同等数量的胶片"。记得那时每次去图片社取照片时心里总会忐忑不安。有一次，拿到冲洗好的反转片一看，图像上有个夹子印，正好毁了图的下部，一问才知道，当时采用的是"吊挂"冲洗法，工作人员马虎，夹子夹过头了，令人捶胸顿足。后来只好采取对重要家具拍摄两次，再分两天送去冲洗的方法来预防。

王先生也拍过家具，他当然知道其中甘苦，不仅苦，而且不是一次两次，是几百件家具，几年间冬寒夏暑地坚持。为此他在给这本书写的序中也有以下这么一段：

> 为了拍摄炎黄艺术馆的一件康熙紫檀大型多宝格，因不得移动，并须一日内完成，他请了三批专业摄影师，分别用

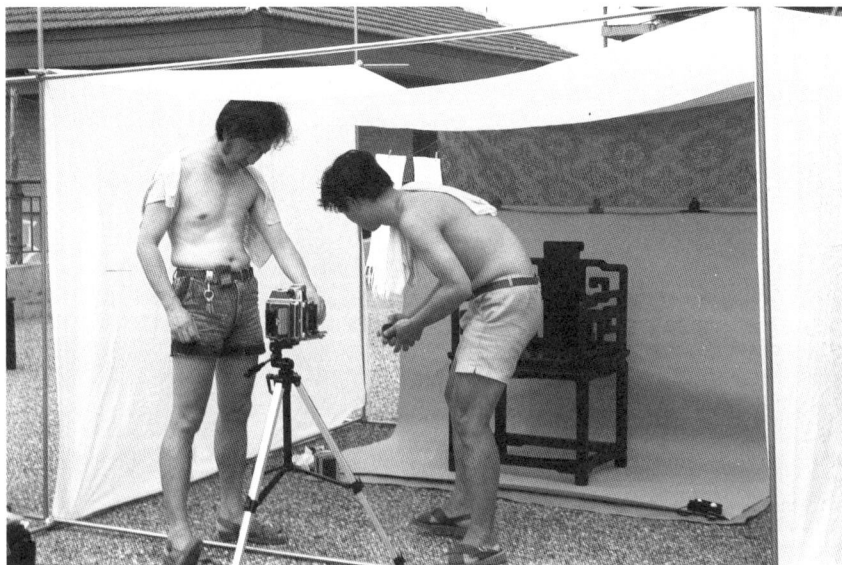

室外家具拍摄现场：摄于上世纪八十年代某夏日，某居民楼楼顶。先用钢管搭建"影棚"，罩白布、搭背景纸，使棚内光线柔和，家具放背景纸上，后搭一块红绒，使光线稍暖，用"林哈夫"技术相机。记得那天酷热，搭完棚，将家具器材抬到楼顶已大汗淋漓，可惜底片冲洗出来后，发现椅面"罩"有一片"白雾"，乃白布反射所致，摄影师邱刚毅说他当时被晒得快虚脱了，脑子发蒙，眼也花了，才疏忽了。改日又重拍一次。这次拍了两件家具。靠天吃饭的家具摄影，留下了无数酸甜苦辣。（左为邱刚毅，右为田家青）

汽车载运器材，到藏所依次拍摄，目的只是希望确保得到一张可用以出版的彩片。十几年来，他以这种精神，先后拍摄了近千件明清家具的照片。这种干法（或称之为这种"玩法"更为确切），不仅花光了本人所有，连夫人留学回国，节省下来的一些积蓄也搭了进去。[①]

当断不断

当今，人们对古玩的鉴定往往依靠各种招数。在古玩鉴定的很多招数中，鉴定漆器年代的一个招数是看"断纹"。漆器上的"断纹"是因底胎和漆灰由于自然的变化，伸缩出现自然的裂纹。一些常见的"断纹"有：冰裂断、蛇腹断、流水断、牛毛断、梅花断、龟背断、龙鳞断、鱼鳞断等等，观察这些断纹就能判定古玩的年代，这就是所谓"一对一"的招数。我认识王世襄先生之前大概知道二十多种各式各样的断纹，而且一一铭记在心。看到一张古琴时，如果看漆面似牛毛断，便可断定其年代至少是明代（其实这并不可靠）。

记得在很早的时候，应是八十年代早期，有一次王先生约我一起到法海寺看家具，他说那里建筑是有准确纪年，寺中还有一张明代留下来的大漆供案，还有一些放在室外的漆器器物，特别值得去看。

记得那次还找了文物出版社的摄影师孙之长一同去的。孙之长比我大几岁，帮助王先生拍过很多珍贵的文物资料。他人非常随和、谦逊，技术高，不怕累，当时他拍摄的照片很多都是四寸乘五寸的大底板反转片。

当天我到得早，就先进去转了一圈看了看。等王先生来了，我又

---

① 见《清代家具》，田家青编著，三联书店（香港）有限公司，一九九五年，序言。

绕回到寺门口，我就指着门廊前的大柱子说："这个柱子上的漆底子（上的灰漆）比较特殊，所以生成的断纹非常奇怪，我已仔细地研究了一番，发现以前的书中都没有这个名称，我便给起了个某某某的名称。"王先生听后，未置可否。又走了几步，到了大门前，我又跟他说："对这个大门我刚才也研究了研究，发现是在原有的老漆上又髹了一道新漆，新漆和老漆混合在一起，形成的这个断纹的名称历史上也没有，这也值得研究，我也给它起了个某某某的名称。"王先生仍未置可否。接着走到了放在露天的大钟前，我指着髹漆的钟架又跟王先生说："这个钟架的断纹我也研究了，东面受太阳晒和西面受落日晒，两面的断纹还真不一样，应该分别给它们取个名字叫'日照断'和'日落断'。"王先生还是没吭声。我们接着往前走，看完了家具，就去看法海寺的壁画。我又跟他说："我刚才在这儿也做研究了。这个漆画上的断纹很奇怪，因为是画在北墙上，北墙的温差大，易结露，断纹是成小卷的，这个名字还真难起。"我接着又说："看来可以写一篇研究论文，叫'百断研究'。"王先生听到这儿就乐了，他说："你这个论文应改个名儿，叫'当断不断'！研究人署名别写田家青了，干脆署名改写：'魔怔'。"（"魔怔"是北京的老话儿，说的是一个人干某一件事走火入魔，都成了病了。）我也乐了。然后他跟我说："这里的建筑和器物有准确纪年、准确时代特征，能原样保存到现在挺难得的，你应把注意力放到感觉各种器物时代的整体气息，而不是刻意关注细节。"

这是很早期的事儿，那时，我还不到三十岁。文物鉴定这个行当的人容易随着走进行里边（古玩圈子）的标准套路，就是看各种器物的特征，背下各种特征来鉴别。到后来明白了，像"断纹"这样的特征标志，应该掌握和研究的是其生成原理，而不是单纯地记忆它的表象。"断纹"的形成，由于受时间和外界环境变化的影响，以及漆本身及髹漆方法的不同，会有各种形态。本质上说，它是由于器物干湿收缩抽涨，再加上不同成分、不同材质的漆灰等共同变化、干裂变形等形成的现象。所以仅凭断纹形式，并没有太大的意义。最近十年来，

法海寺陈列的明正统年间大漆供案

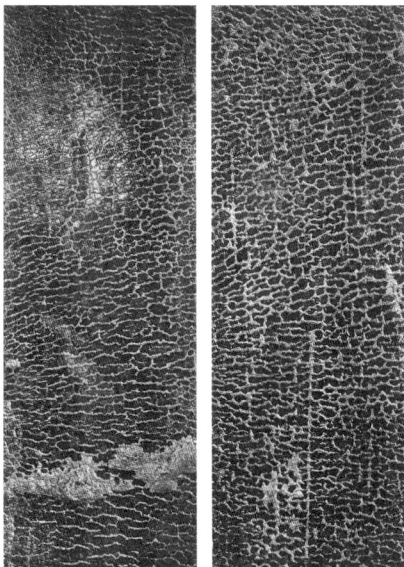

明代漆器家具上出现的龟裂式漆面

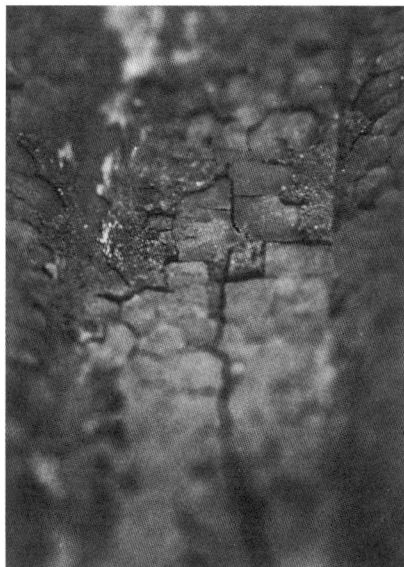

一件黄花梨大扶手椅，弯带上批灰髹漆在四百年后出现的断裂。

在很多地区，出现了制作高仿的漆器作坊，且手艺越来越高，几乎可以做出任何你能想到的甚至是你想不到的断纹。因为他们只要掌握了形成断纹的原理，就能设法做出预想的效果。

后来，又见到了一些古代漆器，存世至今，漆面没有任何开裂和断纹，曾见一件明代罩光漆盒，如全新的一样。

同样一个很类似的古物鉴定手段是看"包浆"：任何一个古物的表面，都会自然生成光润的皮壳，也叫"包浆"，不论是玉器、瓷器、青铜器还是木器，都会有这样的现象。从早期直到现在，有很多人在拼命地研究包浆的形态，想以此来总结出判断器物年代的特征。实际上，包浆和断纹一样，是因为使用和保存环境的不同，各种可能的外部条件对器物产生的老化现象，很难用一种固化的方法来判别。影响变化的因素太多。例如大约十年前，我前后从不同的地方发现了两块黄杨木板，分别是一个宝座的左侧和右侧，雕得非常精美，一准儿就是清宫官造，而且明显原来就是一对，应属同一器物上的两个部件。从出处，可判定它们曾是圆明园内的家具散失到民间的残件，距今不过一百多年。但有意思的是，因为分别散失在两个不同的环境，一百多年下来，其中的一个包浆完美到极致，油润光亮（可能是落在了油水较大的富户乡绅家中），而另一个却干裂得一塌糊涂（可能是落在了穷苦人家中），两件东西放在一起，若从包浆看，不应该是出自同一时期同一器物上的两个部件。由此说明，不同外部环境的影响，会令器物表面发生完全不同程度的变化。单从看包浆或断纹等外部表象来鉴定器物年代是不够严谨和科学的。但从看器物的表象到看器物整体气质和内在的气韵，这个思维方式的转变是需要一个过程的。

"这要我们如何是好"

很多人敬仰王世襄先生，也希望能用自己的方式来表达对王先生的敬意，其中大多数人做得都很好，但也有人热情过度，采用的方法不太合适，反而给王先生的生活带来麻烦。下面的这个事儿大家听完了可能会笑到"喷饭"。

有些画家给王先生画像，如张广、丁聪都给王先生画过像，张广画的那张是王先生在动乱时期干校放牛时的样子，豁达风趣，画中的王先生脸上洋溢着一股子乐观主义情绪，是王先生非常喜爱的一张作品，还在芳嘉园胡同住的时候，他就一直把这张画挂在大画案的后面。

还有不少篆刻家给王先生刻过印章，平时王先生也很爱把玩，他有一大盒名家们为他篆刻的图章。这都是很好的表达敬意的方式。

武汉大学的周汉生教授是竹刻雕刻家，曾为王先生雕刻了一个臂搁——这件竹雕不到一尺高，他没有见过王先生，但从照片上把握住了王先生的神态，更是从王先生的书籍中体会到了他的精神世界，所以这件作品极为传神，应该算得上是一件竹雕的超级精品。王先生特别喜欢，还特意让我为这件竹雕做了一个木底座，能使它立着放在案头儿上。但是也有一位做雕刻的仁

张广为王先生画的画像

九十年代前期王先生还在芳嘉园家中

周汉生为王先生雕刻的臂搁

兄，手艺很好，人也很好，心意也很好，但就是形式做得让人有点儿无可适从，大可商榷。

记得大概是二〇〇一年或二〇〇二年，有一天我突然接到了师母打来的电话，在电话里她口气听上去挺怪的："你快过来看看吧。"我当时心里就一紧，以为是出了什么事儿，赶紧问，"有什么特别急的事儿么？"她说，"也急，也不急，你来了就知道了。"我一听就放了心，从她的口气和语调里，我心里猜着准是有什么嘎事儿了。

我赶到了王先生家，一推开门，看见两位老人无可奈何地对坐着，神情茫然，挺怪的，再转身一看，在客厅的正中间放着一个大半身木雕的"王世襄"。这时王先生已经从芳嘉园胡同的平房搬到了东城区的公寓楼上，公寓面积并不很大，虽然没有了以前的几十件明代家具，但空间依然很紧张，一套房子里摆放的净是书和资料，除了走道，空出来的地方就不多了。结果也不知道是谁这么有心，做了一个几乎是半人多高的王世襄的木雕半身塑像，而且雕得是栩栩如生、毛发毕现。师母说："你瞧瞧，你瞧瞧，给送来这么大个儿的一个玩意儿，这是要我们如何是好，你说我应该怎么对待他（它）？把他（它）当成什么？搁哪儿？放外边儿？风吹雨打的，不合适，放这屋里头，大晚上出来，驹儿吓人的。这黑灯瞎火的，一眼看不清，弄不好再把谁给绊着，真是的！我也没客气，让他们（送来的人）给拉走，可他们放下东西（木雕）人就跑了，就把'他'（木雕王世襄）给戳在这儿了。"我上去试着抱了抱，还挺沉，这么一个大玩意儿，细想想暂时还真难找出合适的地方放。"你说这些人的想法都挺离奇，"师母说，"他就不多想想，非把它给雕得跟活人似的，就不能抽象点儿？做小点儿？

做成了这样，当谁？当人？当物？怎么对待？放哪儿？"停顿了一下，她说，"得了，受累你帮着把这个'王世襄'放在他睡觉的那张床底下得了。"师母说完我乐晕了。师母说的这些话我记得非常清楚，是一字不差，话中的"得了"、"受累"等词儿全都是用纯正的老北京话讲的，说的时候也带着一点儿无奈的劲头。当时她说话的时候自己并没有笑意，可听着却觉得特别可笑，如果按正常的话语，她肯定会说："哎，你把它放床底下吧。"

顺便再说一句，在放此木雕之前，王世襄先生睡觉的那张床底下已经有一件大"玩意儿"了：王先生在某个活动上，与一位大人物相见，主办单位给拍了张合影，没想到后来人家送来一张巨幅的合影照片，一般人可能会引以为傲，挂放在屋里有小半面墙那么大，能把来的客人给震着。可大照片一送到家里，王先生就把它给塞床底下了，所以这个木雕已经是第二件"玩意儿"了。

"他不懂还瞎说"

一般而言，从民国时期过来的，学贯古今的老专家、学者们，比较容易保守，但是王世襄先生可不这样。

大概在九十年代中期，准确时间记不大清了，曾佑和女士从美国回京，在中国美术馆举办她的个人画展。曾佑和女士是一位很传奇的老画家，她从小生活在老北京东单一带的四合院里，与当时的一批学者，也是后来成为了中国文化和文物巨匠的一些老先生们关系甚好。后来曾女士嫁给了德国人艾克，艾克是一位有正义感的德国反战建筑师，最早的家具图录《中国花梨家具图考》[1]一书就是艾克先生组织

---

[1] Gustav Ecke, *Chinese Domestic Furniture in Photographs and Measured Drawings*, Henri Vet Peking, 1944.

摄影家陈光俊先生曾有过一个想法，为有卓越成就的文化人士拍一些相片。正巧此次曾佑和女士的画展，我知道会有一些大家到场，就通知请他来。陈光俊带来了莱卡 M3 相机和最好的人像镜头，用柯达·伊斯曼黑白胶片拍下了一些很有意义的瞬间，其中就包括这张照片。关于拍照之事，事前我并没有告诉王先生，所以陈光俊拍摄的这张照片中的王先生表情极显自然本色。

编写的，他对中国古代建筑和古代家具研究都有很大的贡献。"二战"以后，他们移居美国，后来一直居住在夏威夷。一九九六年我们夫妇曾应邀到曾女士家中做客，她住的房子是自己设计的一幢方形的建筑，集功能和艺术于一身，不论谁见过都会留下深刻的印象，从中可以看出她在艺术领域全方位的成就和能力。她受到西方绘画和艺术思想的影响，自她从纽约大学毕业获博士学位后，一直从事中国艺术的教学和研究工作。她在原有的绘画基础上加入了许多新的思想，像大多出国旅居海外的艺术家一样，不论是画的形式还是内容，都有了创新。

展览开幕的时候邀请了许多文化界的老人，例如有朱家溍先生、启功先生等，我也随王世襄先生一起参加了开幕活动，同时还有许多著名学者，和她同时代的老朋友等。在看画的时候，我看到一位学术界熟知的、权威级的文博老专家，一脸的阴沉，哼哼唧唧地，虽没说什么，但从憋着的劲头看得出是一肚子的不乐意。后来，看完展览，到了休息室，曾女士离开了，就剩下这一拨人的时候，他实在沉不住气了，愤愤地说："这叫什么玩意儿，简直太不像话了，出去了几十年连祖宗画画的基本都不知道了！""笔墨和形式不对我就不说了。"因为曾女士绘画的形式有很多，比如将纸揉搓后再染色后再画等等。"就别的不说，光说这'画押'，大家都知道，一定是要印压字（即先题字，再使印），她这倒好，我仔细看过了，她这个是字压印，且不说位置对不对，就连最基本的形式都不会，怎么这人出了国就把最基本的常识全都忘了？"然后还挺大声地嚷嚷发泄了一通，当时在场的人谁都没有应声儿，沉闷中尴尬了一会儿，就散了。

在回来的路上，我问王先生："您看了以后有什么感觉？"王先生说，"我看挺好的，但是有些东西我也看不太懂，他不懂（指那位老先生）还瞎说！其实就这种题跋的形式而言，历史上就有过变化，较古的绘画，题签、落款等都有严格的位置要求，品题的题跋多在引首的部位，但到了元代的时候，开始有些题跋进入到画面中央。实际是创新，是把诗词与绘画融合的一种艺术形式，是时代人文进步的表现，元代赵孟頫，虽是中国历史上著名的书画家，但是他同样也很保守，认为这种做法完全不可接受，甚至称之为'画至今世，遭一劫也'。看来这位先贤不仅保守，还相当极端，我相信历史永远会在创新和保守之间抉择和斗争，但任何一种新的形式经过历史的磨炼之后，若有价值，都会被认可和理解，所以在你不懂的时候不能瞎说，不懂就是不懂，也用不着妄下评论。"

其实，曾佑和女士在一九六三年出版过一本《中国画选新语》，之后又出版了《传统中的现代》，从书中可以看出她对中国从宋元绘画开始到西方的绘画艺术发展历史的整体关联的认识。能看出曾女士在绘画艺术发展上的见识，可以说是学贯中西，找到了绘画的历史发展脉络。

王先生在说这话时是挺认真的，此事虽小但给我留下了很深的印象。从那以后，社会上的各种艺术形式广泛地兴起了，我发现很难得的地方是王先生并不固守在他所了解和研究的领域，他对所有新出现的艺术形式都不是上来就"一棍子打死"。

二十多年前，我工作的小屋仅有几平方米，由于当时年轻，精力旺盛，涉猎的领域也比较广泛，经常是几摊事齐头并进，编写《清代家具》，习书法，撰写英文论文，画图纸。这些事情各成体系，而书房里仅有一张条案，所有的资料都混在一起相当乱套，但小屋里又放不下其他的桌案。一夜，我突发奇想，若把两张条案交叉叠落在一起，不就能形成五个独立的面儿么？随后我便琢磨出结构，并试着打造出了一件"十字桌"。这是我纯粹从实用角度出发，为小书房量身制作的一张十字小桌。小桌中间摆放文具、工具书等办公用品，四端则各放一摊事儿，清楚明了。最巧的是，把它摆放在四方小房间内恰好组成一个"田"字，我就在自己这份"田"地中尽情鼓捣，穿梭于不同的实验"田"，十分得意。

此件十字桌只是想充分利用空间，将使用功能摆在了考虑的首位。同时又觉得这种形式很有意思。正是这种从实际需求出发的理念，让我在二十年前就已经做出了如今看来都比较前卫的设计。由此可见，设计，并不是靠坐着空想憋出来的，创意靠的是积累。

王先生来我家看过这张十字桌，原本我还怕他说我这是抖机灵胡闹，可没想到王先生看过后颇为赞赏。

十字桌手绘图

王世襄先生到了晚年，依然保持清醒。当时，一些心怀叵测的人总是想出一些卖赝品蒙骗人的方法，其中一个重要的手段，也是后来成为一句俗话说的"找德高望重的老糊涂"，哄着他们帮着欺骗。这招儿还真的唬倒了不少人，确实，社会上也有专家深陷其中。但王先生非常明智，到晚年他就不再做鉴定了。他说人老了是会退化的，眼界和思想也会萎缩，要承认历史，同时也要承认科学和时代的进步。而这正是他并没有思想僵化和退化的表现。

王世襄先生在研究一件仿竹式的小炕桌。他曾问我，能不能做有创新的此类仿竹家具。后来，我在此小炕桌的基础上，设计制作出了以下具有现代风格的仿竹裹腿式棋桌。

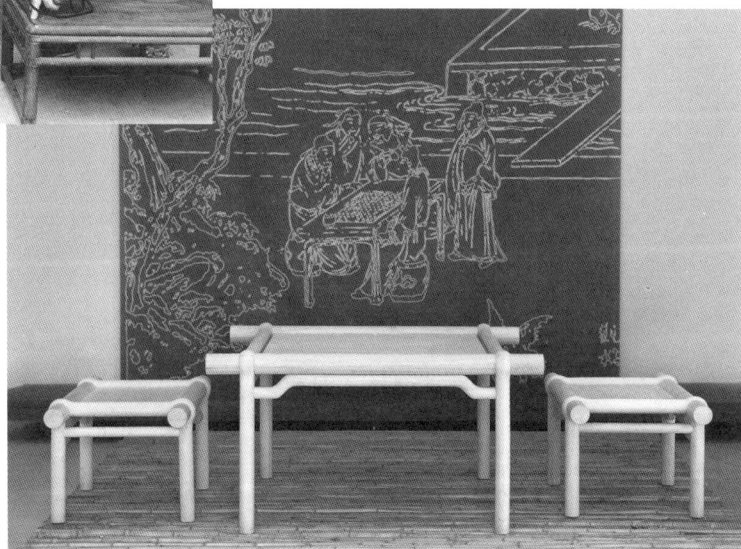

二○○七年设计制作现代风格的仿竹裹腿式棋桌，王世襄先生见过非常满意。

"这儿就挺好的"

有一年，我和王先生一起到香港去参加一个学术研讨会。记得当天搭乘的是十二点多从北京起飞的飞机，一大早儿，我和王先生就到了。先碰到一位美国的律师，正巧，他和我们乘坐同一架班机去香港。那时的机场相对比较简单，不像现在分那么多的不同级别的候机室，等飞机的人都在同一个候机厅里坐着。过了一会儿，又来了一个国内的朋友，真巧，大家都坐的是同一架飞机，见了面就凑在一起聊天。他们建议找个咖啡厅坐下来，可王先生觉得机场的餐饮又贵又不好，还是算了吧，结果就没去。临到上飞机的时候，发现他们都坐的是商务舱，我和王先生是经济舱，要分通道走了。他们特别惊讶，说："哎哟！他们怎么能给您买经济舱的座儿呢？"王先生直说："没事儿，没事儿。反正没多少时候，坐哪儿都一样。"当时他们表示要和机组人员联系一下，看商务舱还有没有空的座位，能不能升舱。争执了一阵子，王先生坚持说："真的不需要，没事儿，我坐这儿挺好的。"国内的这位仁兄特别诚恳地说："想想您都坐在后边，我坐在前头都不踏实，干脆也甭升舱了，我跟您换个位置，您坐我那儿就完了。"推推揉揉地闹了好一阵子，王先生才把他给推回了商务舱。

到了香港以后，等我们住下时才知道，主办方安排的是基督教青年会的招待所，在城区，交通是挺方便的，但条件确实挺一般，跟现在北京的如家、汉庭等连锁酒店差不多，但大部分住客都是年轻人，学生或是自助旅游者。但是王先生也高高兴兴的，没有任何埋怨或是抱怨，就 check in 安置下来了。

从第二天开始，陆陆续续地就有客人来拜访王先生。我发现有趣儿的事儿来了。每个来拜访王先生的人都是鼓着一肚子气到的，一进门，一张口，说的第一句话是问好，接下来的基本都是一个套路，一通地抱怨，说"跟您通电话，您告诉我住的地方是在这儿的时候，我就一肚子气"。接着更是越讲越来气："怎么能让您住这样的地方呢，他们

（主办单位）也真能想得出来，不就是为了省钱么。太过分了，太荒唐了！"这是头一段话，第二段肯定接的是"我来的路上都给您想好了，就在这周围有的是酒店，您看哪个合适，咱们现在就联系，现在就搬，算我请您住。"王先生在香港会见一些人，我看着一拨儿一拨儿这样的"戏"，真挺有"乐儿"的。后来王先生回答的这几句话也成了标准的语言流程，不论见到谁都得先说一遍："这儿就挺好的，这儿就挺好的，哪也不去了，这就挺好的。"有一次，来了两位比王先生岁数还大的老两口儿，一听说话就是老北京人，老先生看到这里的情况，说："你说这是怎么话儿说的呐？"（地道的北京老话儿）。老夫人表现得就更有意思，她上牙紧紧咬着下牙，从牙缝里挤出"真是挨千刀儿的，真是挨千刀儿的"连珠般的快句。这是我小时候和几个表兄弟在姥姥家淘气闯了祸时，姥姥才这样说我们的，这不算骂人，但表示很生气。这么多年后，在这里又听到这句话，真是挺可乐的。还有一次，一位贵宾来了，上来对此一言不发，说了点儿别的话，临走时只"扔下"了两个字："搬家。"他的司机和秘书不管三七二十一，装上行李，把我们拉上车，到一个小岛上玩了半天，晚上住下了，但第二天王先生坚持回去，说这样做对主办单位不礼貌。为了不负盛情，王先生承诺，会议结束以后再回来住三天。

后来，私底下王先生跟我说："其实这些单位主办学术会议都挺不容易的，他们要用有限的费用来安排这么些人，能做到已经很不容易了，不应该有埋怨。"他说这些话确实是发自内心的，没有一点儿怨气。他还告诉我说："一九八二年，我应邀去英国在维多利亚和阿尔伯特博物馆讲学、在大学讲演，英方给安排的就是学生宿舍，条件比这差多了，可我也不觉得有什么。要互相理解，都是为了办实事儿，我是去讲课，又不是为了摆排场。"

在香港总会有人请王先生吃饭，但有时也有从大陆来的朋友，那就是王先生请他们吃饭，王先生也就是请大家在一块儿，就在基督教青年会吃饭，省得出去到处乱找，王先生说："我不是为了请客吃饭，

吴子健为美国中国古典家具学会
刻章

而是为了能见见面，聊聊天。"我记得很清楚，我们一共在青年会吃过几次饭，每次的饭菜都非常简单，一般都是一盘米粉、炒牛河或者是云吞，再加一份蔬菜。第一次是我跟他两个人，第二次是请上海去的篆刻家吴子健，他带着自己刻的图章给王先生看，就我们三个人。记得那次，王先生还请吴子健给美国的中国古典家具学会刻了个章。第三次是请黄苗子和夫人郁风，他们是从澳洲来香港的，也是同样的饭，变成了四份四个人。

香港被称为"购物天堂"，尤其在九十年代以前，中国大陆的商品极为匮乏，香港绝对是一个超级购物天堂。但是我跟王先生去香港，基本不逛街，一是没工夫逛，另外也没兴趣逛。但王先生一定会到旅店周围的小商店里买成包的圆珠笔芯，比例大概是十份蓝的一份红的。他有一支非常结实但很便宜的圆珠笔，每次都只换笔芯。本书前边介绍过，王先生写东西，每次都是用圆珠笔，稿纸下面垫一张拓蓝纸，一式两份，省得复印。他缺一块手表，在香港唯一的一次购物就是当时我跟他到香港三联书店办事，在中环域多利皇后街，就在三联书店楼下的小卖部，买了一块大概一百港币的非常普通的手表。他的要求也特别简单，结实就行。之后这块表他戴了很长的时间。这是我印象中王先生在香港买过的唯一一件"奢侈品"。

有事儿不怕事儿

前些天，读了常罡先生（原中央音乐学院音乐学系教授，喜欢文物，与王先生也认识）的文章《依依韶华旧乐》，其中有一段如下：

> 音研所数据室的管理员是位慢声细语的老太太，她见这小青年啃两只苹果当午餐，怪可怜的，便问我吃不吃她从家里带来的饭菜，还给我端来一杯热水。十多年后自美归国，到芳嘉园王世襄先生府上，向他请教收藏明代家具的问题，才知那老太太原是王先生的夫人袁荃猷先生。她竟然记得我。

他笔下的王世襄先生的夫人袁荃猷女士，写得是十分的形象。一般的外人看到和听到的袁荃猷先生，是一个极其朴素的人，是典型温文尔雅的中国女性的形象。但与她长期的接触，有所深知以后，我发现，她看似文弱，却是一位极有胆量和见识、深明大义的女中英杰。她从来不招事儿，但遇到事儿，也从来不怕。

王先生一生能遇到这样的伴侣，是他最大的幸运之一。曾经很多次，王先生说到"文革"时期他的几位朋友，文化界的精英，由于受到迫害等，有自杀的，或是没能挺过来。在这样艰难的环境中，王先生能挺过来，跟家庭有着直接的关系。

王先生从五十年代以后，很长时间里都是走"背运"，但夫人一直在身边默默地帮他，支持他。有了家庭这样一个避风的港湾，让他能从动荡中挺过来。在六六年抄家的时候，王先生事先主动将他收藏的上百件最珍贵的明式家具上交给了国家文物局，一直放在库房里，躲过了一劫。若等红卫兵来抄家时再抄走，这批东西肯定就不是现在这个样子了。因为当年抄家时，珍贵硬木家具大都转送太庙等处，红卫兵们会主观地按照他们的标准判断家具的好坏，认为雕花多的就是宫廷的，就是好的，就给送到太庙；剩下那些明式的、简洁样式的，会被认为是不好的、不重要的，处理方法基本就是连砸带摔了。后来，我从王先生口中得知，这个主意实际上起初是王夫人想出来的，王先生收藏的家具绝大部分都是简洁的明式，所以，要不是王夫人具有历史性的"先见之明"，如今的这些家具早就被分散和损坏了。

所以我一直说，上海博物馆真应该在收藏王世襄家具的展厅中为袁女士立一块表彰牌，以纪念她对这批珍贵家具能保存下来做出的卓越贡献。

多数的文章，包括王先生自己写的，介绍了其夫人的贤惠，如人赞誉的"夫唱妇随"。例如他写过，四九年以后，他们收入非常少，生活挺紧张的：

> ……荃猷的衣着十分简朴，破了缝一缝，褪色染一染，又穿上了。一天她的二姊来芳嘉园，说起亲戚里有一对常为花钱，买衣服吵架，荃猷说："使我不能理解，长安（我生在北京，乳名长安）别说吵架，脸都没红过。"我连忙说："荃荃也从未红过脸。"
>
> 有一次荃猷要我去鼓楼商店买内衣，路过小古玩店，见一尊藏传米拉日巴像，买了回来，没买内衣，荃猷非常喜欢那尊像，并说："要是我也先把他请回来，内衣以后再说。"二姊说："你们性情爱好都相同，真是难得！" ①

王夫人确实是非常的贤惠，但是她可不是没有主见的人，而是极有主见，且能够从根本上为王先生所想。

王夫人曾经多次跟我说王先生生性严谨，但有时太过于小心显得胆儿小。一九七六年唐山大地震，地震后，怕有余震，全北京各家都

①《锦灰不成堆》，王世襄著，生活·读书·新知三联书店，二〇〇七年，第十六页

此张鸳鸯图由王世襄先生的夫人袁荃猷手绘

椅背板上的雕饰

九十年代，他们一位好友的儿子结婚，请我制作了一把椅子，他们提出希望能在椅子的靠背刻上一对儿由老夫人画的鸳鸯。这把椅子是唯一一件由我制作，既刻有王世襄先生的题字，又有袁荃猷夫人亲手绘图的家具。

开始满处盖地震棚住。当时王先生家里有一对明代万历的大漆四件柜，高三米多，腿子有人的小臂粗，就算屋塌了也肯定砸不坏，王先生就和夫人住在柜子里，一人住一个。住了几天后，师母说："这叫憋屈劲儿的，"就出来了。她也劝王先生，"还是出来吧，没给震死还先憋屈死了呢。"可王先生不肯出来，王夫人说这有什么可怕的，"我睡在小案上，离柜子也很近，若再一地震马上就能钻进去了"。可是王先生还一直坚持在柜子里睡，"还是睡在这里头踏实"。过了些日子，地震的风声也快过去了，还收回了一间房子，有地方住了，可他还是不出来睡。师母也在劝他，可王先生仍然说，"还是听政府的，等等吧。"直到地震风彻底过去了，市民们大都离开了地震棚，王先生才搬了出来。这件事也说明王先生生性谨慎，夫人有胆识，很多事师母能给撑着，这真是他的最大福分。

其实，王先生谨慎胆小，虽然有性格的因素，但不能否认，历次运动对他造成的冲击，以及以莫须有的罪名对他的迫害，给他心理上留下了极深的阴影，多少影响到了他的性格。

"你站住"

八十年代中期，有一次我工作的单位派我去美国接收仪器和设备。临行头一天的下午，我在王先生家。那一下午，我就总觉得王先生心里好像有什么事想说。王先生是一个不怎么遮事的人，但凡有点什么心事儿，往往表现在脸上了。吃完晚饭以后，趁着师母在东屋忙活，我们就坐在了最西屋。（当时王先生家是一溜儿的北房，东、西屋中间还隔着一间房。）当时王先生就坐在有宋牧仲题跋的大紫檀案子后边，我坐在对面，聊天说话。说着说着，突然王先生把头伸过来小声和我说："前几天，我看见了一个挺有意思的玩意儿，是一种新型的电子血压计，随时可以自己监测血压，试了试挺好用的，我把型号也给记下了，写在了这张纸上。"当时这个东西国内还没有。他说："你去美国，按出国规定有两个指标。（指标：当时国内的生活物资非常贫乏，即便出国也有限制，不能随便带回东西，一般的短期出国有两个指标，可以买电热水壶或电熨斗一类的小家电。）你到那儿抽时间，花点儿心思帮我琢磨琢磨，看看，听说除了这个还有其他儿种型号，是采用不同测量方式，跟这个型号的比较试用一下，可能有的比这个还好用，你看着哪个合适就给我带回来一个。"我接过纸条，小声地回答说"没问题。""还有这事儿别跟你阿姨说。（王先生一直让我管他的夫人叫阿姨。）她不愿意让我买。"我也小声地"嗯"了一下，之后我们又恢复了正常的交谈。

过了一会儿，我准备要走了。屋门在东边，临门就放着紫檀裹腿案子，当时师母正在案前，把东西铺开了在干活。我原想不用打扰她，悄悄地像平时一样走，出门时再说声"走啦"。我走过去的时候，看见她也没抬头，可就当我要推门出去的时候，听见师母挺大声地喊我："你站住！"然后她抬起头来说："刚刚听见你们那儿说着说着有一阵没声儿了，是不是王世襄说让你给他弄回个血压计来？"我知道这是露了馅儿了，事儿肯定是瞒不住了，只好笑了笑，低声地说："嗯，是。"她站起来转过身，大声地训我说："他说什么，你都听他的！你又不是不知道，他天生就胆儿小，这些年，只要报纸上说又发现了什么新的疾病，有哪些症状，他就一准儿先往自己身上安，其实他什么毛病也没有，你要是给他弄回来这么个玩意儿，有事儿没事儿他就量着玩儿，这个东西又不是那么准（确实，当时的电子血压计的测量不是很准确），一个没测准量高了，让他一紧张，这血压不高也得让它给吓高了，保不齐最后倒真成了高血压。"师母说得挺大声，王先生那儿肯定也能听得见，我们这边接着也听得见他在那屋里呵呵地乐，显然他知道这事儿穿帮啦。师母又接着说，"这都是某某某和某某（两位经常与王先生来往的朋友，一位是中国文化艺术的大家，一位是著名的内科医生，北京协和医院的名誉院长），

上世纪九十年代，王世襄夫人在家中搭下手，帮王先生做饭。（田家青 摄）

没事儿就老跟他们一块儿摽着，这电子血压计就是打那儿看见的，凑到一块儿玩儿点什么不好，可非得就琢磨病玩儿。"接着师母又冲着里屋说，"他们都养尊处优，住着单元房，出门有小汽车坐，又不爱活动，那毛病都是养出来的，你跟他们一样么？你住在这平房里头，冬天是挺冷的，挺冻得慌的，但是这样就挺好，不上火反而养不出病来。"转过头来师母又跟我说，"他每次从他们那儿回来都闹着要测血压，可每回测都正常，所以说根本没问题，等到了需要的时候，不用说我也会给安排。"师母说得绝对在理，确实，王先生生活极其规律，而且每天一早必去锻炼一小时，吃的也挺清淡，所以身体状态非常好，实践证明，从那次事情起，王先生住在这平房里一直到他搬走，这整整十多年间，王先生的身体绝对没有问题。血压虽偶有波动，但并没有影响健康。回想起来，若真给买回一个当年还并不很准确的血压计，天天量，反而是不好。二十多年快三十年过来了，听说目前最为优秀和权威的医生都已经开始注意到因为过分地关注自我的健康问题而引发疾病的现象，而师母在那个时候就已经早有先见之明了。

虽然这是一件家庭生活的小事儿，但是从中可以看出，不仅大是大非王夫人能特别的明理，有主见，日常生活小事中，她亦能做王先生的主心骨儿。

"没给他切了轴"

热爱生活和乐观主义情绪贯穿了王世襄先生的一生，其中的一个表现就是他一直坚持收藏。我记得很清楚，到一九九七年的时候，王先生的岁数也比较大了，他仍然在收藏，那年来了海外很多的朋友，包括几个挺重要和知名的协会，每次人家请他演讲的时候，他总会说："I am still collecting."（我仍然在收藏。）我还保留有一段他在国际鼻烟壶协会上说这句话时的录像，神气昂然，底气十足，但在那时，他收藏的内容

朱小华刻臂搁

王新明圆雕罗汉

已从老旧的古玩变成了现代的艺术品，尤其为了弘扬竹刻艺术，他特别关心范遥青等一些老艺人，并上心培养鼓励了几位新人，如：朱小华、薄云天、王新明等。尤其对做圆雕的王新明，当时，做竹器圆雕的人比较少，王先生很重视，故倾注了很多心血。王先生曾跟我说："实际上，这些人的技术水准已经不在历代的竹雕名家之下，他们主要是要提高文化和艺术修养，这需要有人帮帮。"

实际上，上世纪七十年代末到八十年代初是收藏的最好时期，那时"文革"结束了，虽生活也挺紧的，还有"左"的影子，但总算是安定。进入了一个中国历史上极为少有、极好的收藏时期。在这期间王先生收藏到的很多藏品我都见过，经历的好多事儿我也都知道。那个年代是一个想买假货都难的年代，人为造假的几乎就没有，而且当年民众普遍没有文物意识，绝对是国宝当破烂儿的年代，所以说是历史上少有的收藏好时机。如果我有两三天没见到王先生，再一见面，他一定会眯着眼睛笑着先问我："又扑着什么了？"他说这话的时候往往语速很慢，语气还向上挑着，好像是我发现了什么好东西藏着不告诉他，自己"闷得儿蜜"，"眯"起来了似的。我

丙子夏興家青兄往芳嘉園調 王老三伏酷熱暗無月光四合院中摸黑前進頗有坡公承天寺
夜遊記之感 王老贈余蟋蟀譜集成四半津後函懇題六絶句代序之一舉范遙青先生作臂

才起秋風便
不同瞿瞿叫入我
心中古今痴絶知多
少愛此人間第一蟲
遙青先生屬書舊作自嘲詩刻贈
夢澈先生清賞戊寅夏日世襄

攔 王老見竹刻稿大有感觸 再成一絶句請范君另刻自藏 載自珍集與此件畫本相同而題寫
各異 復又請 王老題新作甘鉗一首 請范君刻臂 攔合為一對 癸巳大雪後七日 何孟澈記

范遙青刻王世襄題跋臂擱拓片

逸事　205

只好把这三天里干的什么事儿都一一告诉他，表示我没有空余的时间出去"扑"。"扑"着，就像动物扑食一样，我觉得这个词用得特别好。我说过，王先生非常善于用最简单的词汇和语言最准确地表达出事物的本质和核心，此为一例。在这段时间里，我和王先生有过一些收藏，而且每个收藏的背后总会有一段有意思的事儿，其中有一个，颇能表现出王先生真实的收藏心态。

有一天大概是中午的时候，王先生突然通过公用电话找到我说："你赶快来，我发现了一个好玩意儿，在后海这边儿。"我到了以后，发现是个工地，拆房以后，有一个扔在外边儿的汉白玉底座儿，直径大概小一米，是莲花瓣的圆须弥座儿，线条特别流畅，已经风化得比较重了，亦有残。王先生说："我看这玩意儿够元（代），味儿多足啊！我问人家是不是不要了，能不能卖给我，结果人家说：'哎哟！谢谢您，您别给钱，您能给拉走我们就感激不尽了，我们也弄不动，正琢磨着找人来搬，可还得花钱，您给弄走就算帮了我们了。'"这可把王先生乐得够呛。我转着看了看，说："这个座儿既不是御园（皇家园林）的也不是官造（皇家制造）的，还有残，不值什么钱，要不人家不要钱呢，要它干嘛？"王先生白了我一眼说："要的就是这个劲儿和这个味儿。你们啊，就是老过不完皇上的那个瘾，忒没境界了。"我上去推动着试了试，估摸着分量，怎么也得有几百斤重，我说："这个东西恐怕三轮车拉不了啦，要不回去从长计议？"在那个时期，没有运输公司，用车得靠找关系，看谁家亲戚朋友里有当司机的，请人家帮个忙，拉个活儿，再请人家吃顿饭。王先生说："那哪儿行啊，这东西一搁就没了准了，我还是去找三轮拉。"于是王先生让我看着，他去找"板儿爷"。可我心想：好家伙，这么重的石墩放上去，还不把那三轮的车轴给压折了？按行话说就是"切"断了车轴。

板儿爷就是蹬人力平板儿三轮车的人，是那个年代北京特殊的一景儿。那年头儿，没有搬家公司等运输机构，一般的活儿还都得找他们，往医院送急诊也基本都是三轮儿，病人平躺在上面，盖着被子。由此可见，没有他们干不了的活儿。早年在北京蹬平板儿三轮的人很多，慢慢地就形成了一个阶层，大家尊称他们为"板儿爷"。板儿爷有自己的特点，大都有着一股子倔劲儿。衣着也是有特点，往往冬天光着膀子穿棉袄，棉裤扎腿儿，脚底下蹬一大"毛窝"（老头式，不用系带儿的棉鞋）。一年四季，头发不是板儿寸就是光头，冬天戴个雷锋帽，两个帽耳朵肯定是冲上支棱着，不系起来的。说话带着豪爽和气势，似乎没有他们办不了的事儿。我想了想，应该是北京的文化造就了这样的人和事儿。后来出租车多了起来，板儿爷逐渐没有了。听外地的朋友说北京的出租车司机挺贫的，可贫的话里还都透着大政治、大道理。其实"的哥"跟板儿爷比起来可差多了。那会儿的板儿爷也有属于他们自己的说话方式，见了生人，话少，说的话常是横着撞出去的。但是，他们东跑西颠的，走的地方多，东西南北城的消息多得是，平时他们等活儿时就聚在一起"侃山"，互相传播小道消息。那个时候，各家还没有电话，更没有互联网，报纸上讲的大多都是空话，所以信息以板儿爷最多无疑。尤其是在退赔"文革"时期抄家物资的时候，各种古玩的信息，他们知道得最快最真，是第一手的。他们中的有些人也因此逐渐进入到古玩这个圈子里，有点儿像民国时期走街串巷打小鼓收旧货的角色。如果要说老一代玩儿收藏的，没跟板儿爷打过交道的，那都不大够"玩儿主"的级别。我为什么跟他们熟呢，"文革"后有一批板儿爷，是最早倒腾硬木家具的，因为当时的硬木家具个头大、分量重，还特别不值钱，这活也就他们能干，所以板儿爷经常拉运家具，倒来倒去，有的就变成倒腾硬木家具的"倒爷"了。说实在的，早期我有许多关于家具的事儿和知识，都是从板儿爷那"扫听"来的。他们的这些知识，也可以叫做"消息"，是从其他地方学不来的。

再回过头来说王先生这事儿。不用说，找板儿爷准没错，就算拉不了，他也会帮你想辙。一会儿，王先生就找来一位，看了看，说"没问题！"谈好了价钱。板儿爷一般很讲义气，说好了没问题，要是出了问题，就算是翻了天，都是他们担着，不会找你麻烦。说是没问题，

日本摄影师普后均于一九九一年拍摄，一九九二年发表于 *Ambience* 第二十五页。此照片拍摄时正值王先生运回汉白玉莲花瓣圆须弥座儿不久。

可怎么把这么重的家伙给弄到车上去就费了老劲了。板车大概得有小一米高，如靠抬，把大家累吐了血都不一定能抬得上去，唯一的办法是把它滚到一个有落差的地方，让板车和地面齐平，再给它滚到车上，反正也不用说了，这种事儿找板儿爷绝对在行。板儿爷又招呼来了两个人，加上我跟王先生给加劲吆喝。当时边上有个小河道，反正是相当费劲，才把这个座儿给弄上了车。当把这个座儿滚上车的一刹那，只听"咣"的一声，要不是前边有人死压着车把，三轮车立马就"拿了大顶"了。再看这车已经下沉了一大截，三轮车下弓形的减震片已经完全给压成了平的，紧紧贴在了车轴上。几个人是连推带拉带抬，加着吆喝，风风火火地，我和王先生骑着自行车，一路上摇旗呐喊，打气鼓劲，好不容易给运到了家。进了院门儿，卸下来，滚到地方就了位，又费了一把子劲儿。把王先生和我都累得够呛，满脑袋的汗，坐在院子里运气。

板儿爷刚走，师母就回来了，一见到这块汉白玉的座儿就"嚯！"

地惊叫了一声，说："这是怎么弄来的呀？"王先生在当时那个状态下，受到了刚走的板儿爷的影响，刚刚推车喊号子时风风火火的激昂劲头儿还没过去，那情绪上来，站在院儿里，双手叉着腰，向前伸着脖子大喊一声："没给他切了轴！"这叫一个解气，这叫一个乐呵。那身段儿、语言和做派，还真有点板儿爷范儿，把师母和我，包括他自己，都逗乐了。

再说板儿爷

在我所认识的像王先生这么有学问和地位的文化巨匠中，还没听说有谁能像他一样，如此的接地气，这也正是他能成就如此事业的一个重要的原因。

其实，早年我也跟南城的一些倒腾古旧家具的板儿爷混成了"熟脸儿"，我们互相谁都不问对方叫什么名字，更不多打听各自住哪儿，干什么的，管岁数相近的就叫"哥们儿"，岁数大点儿的就称"爷们儿"。其中尤其与广安门外旧货站的几位板儿爷交往得较多较深，听他们聊天儿、侃山，能让人上瘾，从中也获得了很多的消息，再经归纳总结，变成自己的知识。例如：在古玩家具行中，如果你看到有一米左右长的小条桌，精明的主儿都知道，其中十有八九都是由大方桌改的（因为条桌的身价高，而方桌百姓家中都有，卖不上价儿。如果小条桌被确认为是后改的，归为故意造假，也就特别不值钱）。但板儿爷们讲，其实方桌改小条桌并不都是古玩行里的人买去故意做的伪：从清代开始，北京城里，除了一些王府和大四合院中大北房的正门是特别大的外，其余后盖的民房，包括使馆区外国人住的房，大门都是单扇的，大方桌根本就进不去，所以板儿爷们一拉上方桌就知道，就算送到了地方，一准儿也是先"撞了南墙"，进不去门，但他们也一定还是先给拉去，先挣了这份儿车钱。待"憋死"买主儿之后，他再充好人，帮忙给出主意，再给拉到晓市一带的鲁班馆或锯腿或给改成条桌，这样才能进出。

他不仅能再挣一份儿车钱，还能拿点儿好处费。所以，这种方桌改条桌的做法并不能都视为是故意做伪、骗钱的行为。

另外，与方桌有关的另一个器物则是彻头彻尾的做伪：这么多年来，我看过有藏家说他们收藏到了黄花梨或紫檀的专用棋盘。棋盘属于文玩类，身价地位非常高，他们都自觉挺珍贵的。其实不用去看，一听他们说其形制是四边宽框、只有一面设棋局的棋盘就知道那都是由方桌罩儿改的（常见的传世棋盘多是两扇可以折叠的）。这事板儿爷知道得最清楚。早年间，有些特别讲究的大户人家里的大方桌桌面上有些曾专门配做一个讲究的硬木桌罩，后来在卖方桌的时候，带着罩子和不带罩子卖的价钱差不多，因此就采用"一鱼两吃"法，方桌和桌罩分开卖，桌罩改做成棋盘。方桌的罩面改棋盘别提有多合适了，因为是老的木料，工艺好，包浆也好，只要割短肩，收短面心，设棋局亦有各种方法：画、划、镟等工艺，改做得好的，不会破坏表面的包浆，很难看出有更改过的痕迹，这些棋盘，有黄花梨的，有紫檀的，油亮油亮的陈包浆，看着都像是老货，被认成是明代或清代中期做的专用棋盘。其实，这才是不折不扣的故意做伪。

还有，近年木器收藏家、专家和学者都发现了一个现象：在民间发现的很多珍贵的明清家具上面都有用油漆写的数字，有不同的颜色，有灰的，有白的，还有红的，字体、形式也各不同。主要有几个出处，一是早年（上世纪五十年代）故宫中因有残损作为非文物清理给扔出来的（其实有一些现在看是相当精彩）。另外就是抄家的家具精选，一部分放在孔庙，一部分放在南城。这些不同形式、颜色的油漆数字恰恰能说明这件家具的"出处"。这些家具上的数字书写的形式、颜色不尽相同，但有规律，看似简单，但对于找家具的出处，做归类的学术研究，却是很重要的辅助信息。而板儿爷对此有第一手的认知。例如：清代宫廷制作的家具是中国历史上仅次于明式家具的最重要的一个门类，是清政府当作一项政治工程倾国力而为，当年一部分制作在故宫，另一部分在圆明园，知道了故宫和圆明园散出来的家具的不同区别，对总结出二者的特征分类有重要的作用。经多年研究后，我的一个发现是：当年清宫制作的家具，重点是放在圆明园。更精彩的木器也都在圆明园，雕西洋图案类的家具要比故宫内的多。能得到这样的结论有多方面的依据，这些流散家具上的数字符号也是其中的佐证之一。而这种信息在任何其他的地方都难以学到，从板儿爷那儿却能"扫听"出来。

王先生当时也少不了与板儿爷打交道。当年他收来的家具，小个儿的，他用加重自行车，自己给带回来，大个儿的只能是找板儿爷。他的《自珍集》中讲到一件明万历缠莲八宝纹彩金象描金紫漆大箱，就是他从磁器口买到的，因为太重，晚上帮板儿爷给推回家的：

> 五十年代中期某晚，经吴学荣介绍，前往广渠门附近一曾业古玩者家中购得此箱。胡同方位及名称早已茫然，只记得地甚偏僻，主人出门许久才找到三轮车。搭箱上车，绳索固定，已不能再坐人，我只得在车后推搡，快步进入崇文门，

万历缠莲八宝纹彩金象描金紫漆大箱

不久即抵家，此景犹历历如昨。当年得益于放鹰逐兔，快跑四五里，不在话下也。①

学习，除了书本上的知识要认真学习以外，实际生活中应注重两方面的学习，一个就是在社会上学习，我曾管这类学习方式叫"扫听"。另外一种就是随着阅历，见的人和事儿多了之后，尤其是跟老先生接触多年受到熏陶，从这些人和事儿中得到的经验，叫"猪跑"式学习，意思就是："没吃过猪肉，还没见过猪跑么？"这个说法当年挺流行的，有人说是朱家溍先生创出的，也有人说是启功先生创出的。这两样学习实际都非常重要。

回想起来，当年，广安门的几个倒腾家具的板儿爷，素质确实不高，但是都有一个共同的特点，就是不惧辛苦，能苦中找乐儿。其中有这么一位，岁数比我大一点，都管他叫"瘦侯"（猴儿），因为他长得特别瘦，脑袋还有点秃顶，周边没有太多的头发，头顶有稀疏的几撮头发，还从来不梳理，每天就那么飘棱着。他形体瘦还老爱动弹，动作还快，像猴儿。是否他真姓侯，就不得而知了。他的"点儿"是在广安门桥外的废品收购站，活动路线包括宣武门的委托商店一直到平安里路东的一个当年最大的旧自行车委托商店。他不仅对家具熟，对旧自行车更是格外感兴趣，不仅能说出很多关于自行车的门道，尤其是英国造、德国造，每个部件都是什么样儿，有什么不同，而且把收来旧车擦得锃光瓦亮，更神的是，也不知他是怎么扫听出来的，在北京四九城的文化界的名人和梨园名角儿，家里都有些什么好家具，都搁在哪，甚至连梅兰芳家里有一个乌木的小案子，放在梅府的哪间房里，靠哪面墙放着他都能说得出来。他跟我有很长一段时间的交往，后来，有了古玩地摊儿，就断了（八十

---

① 见《自珍集》，王世襄著，生活·读书·新知三联书店，二〇〇三年。

212

年代,板儿爷非常兴盛,那个年代还没有古玩市场,还都没有地摊儿)。过了好多年,在他常活动的这条路线上又看见了他两次,但他中风了,是他女儿骑一辆"斗儿车"拉着他在马路上转悠,他坐在斗儿里,虽然下身动不了了,但还和当年的"猴儿劲儿"一样,脑袋还是来回地滴溜乱转,瞪着眼睛,东南西北地四处张望,似有看不完的美景。虽重病在身,但从他的眼神和表情依然能看出他对生活的热情和渴望,乐观主义态度更是让人佩服。在他们身上除了可以扫听到"学问",还真的有值得学习的精神。

八月十五

千禧年以后,包括王先生在内的他们那一代学人,因为卓越的成就和对社会的重要贡献,逐渐被世人认可和尊重,随着社会地位和知名度的升高也逐渐被"神"话,这时他们已逐渐步入了老年。但王世襄先生仍然能保持清醒的头脑和心态,严格自律。能做到如此应该说极为不易。我记得有一件事,能反映出当时王先生等一批学人在社会上的影响和作用,挺有意思的。

每年,钓鱼台国宾馆都会在九九重阳节,请几十位中国当今文博和艺术界重要的艺术家、学者等举行一个聚会,至今已经有二十九届了。聚会的过程一般先是自由交流,然后由外交部的领导致辞,之后就请在座最德高望重的一位长者做个简单的致辞,最后是宴会。我是从二〇〇二年受邀,从第十二届开始参加的。

记得有一年,一位老先生,岁数比王先生还大一些。那天他到了之后,先是将一张朋友以前求他题写的题签,顺便带来交给了他。那位仁兄拿到题签后打开欣赏,我和几个人也聚过来一起看,发现这个题签上有一个字似乎写得有问题,是多写了一笔。其实,任何人都有可能写个错字,这真算不得什么。可是对于这件事儿,几个人当时就在那里琢磨，是不是这个字本来就有异体呢？显然也不是，这就是写错了。可怎么办呢？先有人说："老先生写的字，不能叫错，这是书法，书法不论对错，就这么用吧。"史树青先生反驳说："对就是对，错就是错，这明明就是个错字，跟书法不沾边。"旁边人就跟他说："那您去找老先生说说，他不就在那儿呢。"史先生一听，忙说："我去不合适，我去不合适。"停顿静了一会儿，有人逗着乐儿打着哈哈地说："这怎么能说是老先生写错了呢？这明明是康熙字典错了嘛，赶快通知商务印书馆，下一版的《现代汉语词典》把这个字给改过来不就行了。"大家听了一乐，这事就不了了之了。当人有了卓越的贡献，被"神"化以后，大家对他的那种崇拜和敬仰确实是无限的。

过了一会儿，自由交流活动结束，照完合影，大家坐到宴会桌上，外交部领导先做了一段致辞。讲完之后请这位老先生讲话。可没想到老先生上来就说："国家多关心我们啊，今天是什么日子？今天是八月十五……八月十五是什么日子呢？八月十五是老年人的节日……"大家一听，都面面相觑，虽起了一点小的骚动，可谁也不敢吭声提醒他，于是老先生就从八月十五是老人节的典故开始，一直讲了几分钟。讲完之后大家哗哗地鼓掌，气氛一片融洽，开宴。

那次聚会王世襄先生没有去，我回去后，他问我活动的情况，我就把这两件事跟他讲了。王先生听后不仅没笑，反而大怒，训我说："你们当时为什么就不提醒提醒他，让他给改过来，成心要看他出洋相闹笑话过瘾是不是？"

我回答说："您跟他是老哥们儿，您要是在场，能跟他说，在那种场合别人谁还够资格敢多嘴呢？再说这也不是多大的事。"

王先生听后想了想，消了消气儿，跟我说："也是。不管怎么说，这件事儿特别提醒了我，以后得特别注意，到这个岁数，就必须得时刻自我反省了，要随时自我监督，严格自律，现在外界的监督可以说是完全没有啦。"

记得十九年前，挚友何先生，请我为他专门打造四把官帽椅，同时当年四位老先生题写的铭文，从中可以看出，在朱家溍先生题的铭文中，"碧宫"已改成了"碧空"。现在四幅铭文已完美地镌刻于椅背之上。

王世襄先生挚友朱家溍先生。莱卡 M3 相机，苏米克隆 90mm/F2 镜头，依尔福 400 黑白胶片，摄于上世纪九十年代末。朱家溍（一九一四——二〇〇三），著名文博学者、文物鉴定专家。

求了启功先生、黄苗子先生、朱家溍先生和王世襄先生四个人为这四把椅子的靠背各写了一个椅铭。写好后，分别刻在四把椅子的靠背板上。到时候，摆放这四把椅子的房间还可以同时挂上这四位大家的这四件书法作品，非常有创意。我拿到了启功、黄苗子和朱家溍先生题写的椅铭，给何先生看时，他发现朱家溍先生题写的那一幅有一个字写错了，将"空"写成了"宫"。他看了之后挺为难，说："要不咱就想个什么方式跟朱先生说说？"可我们两人合计了半天，最后还是没敢去说，也不知该怎么说，错就错了吧。说实在的，我跟朱先生很熟，应该说他对我印象也不错，我虽不是他正式的学生，有几次他差我去干什么事，都和人家说派了一个我最好的学生，让我从心底感到暖暖的，并引以为傲。朱先生的两个女儿传懿和传荣也是老熟人。但是，朱先生的"德"在我心中是至高无上的，人家辛苦写了半天，还是楷书，怎么好意思让他重写呢？

最有意思的事儿是，回去后，何先生自己研究，如何给这错找个名正言顺的合理说法，最终还找来了理论根据，给我来了一封信，信中说：武当山词的第二句作"碧空"，今作"碧宫"可能是当时文史周刊有笔误，但空、宫、同、红都押韵，而且宫比空更好。

最后，我把这三幅书法作品带给了王世襄先生，好让他照着相同的尺寸写，以便统一规格。王先生翻了翻，一眼就看到了错字。他说："这个字写错了。"我说："我们知道，可是不敢去说，不过没关系，为此我们已经找到了弥补的理论根据。这个'宫'字在这可以当'空'用，而且更优胜。保不齐这是古人写错了，这次正好给改过来。"王先生听得出我这是跟他"逗闷子"（调侃、开玩笑、老北京话），噗嗤地笑了一声，说："你们两人可真能琢磨！"又严肃起来，接着说，"这

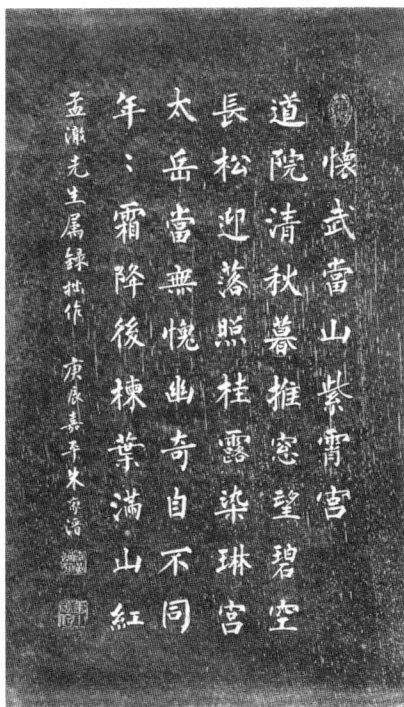

朱家溍先生题写铭文的拓片

镌刻有朱家溍先生题写铭文的黄花梨椅靠背

怎么能行，错有什么不能说的。"他立刻就给朱先生打了一个电话，后来朱先生又重写了一份。

人到暮年，衰退是自然规律，王先生虽亦高龄，却能慎对盛名，无论对自己对老友，知错必纠，不打圆场，也是对朋友真正的尊重和爱护。

一个人一块钱，一个烧饼分两半

一个人一块钱和一个烧饼分两半，是两件事儿，说起来都令人挺心酸的。"一个人一块钱"是在王世襄先生的《锦灰不成堆》中提到过的一件事儿。[①] "文革"开始，王先生每月只有二十五元的生活费，当时去干校，交完伙食费后所剩无几，师母袁荃猷领全薪，每月六七十，除维持两位老人生活外，再寄几元给在宁夏兵团的儿子敦煌，生活极其困难，师母一两个月从静海干校回北京一次，看望家人并送生活费。

一次回芳嘉园，老家人心疼她，买了两毛钱的肉做了一碗肉丝面，师母看了看，谢了谢，但没有吃，因为吃了必须补上那两毛钱，随身带的静海干校食堂的馒头还没吃完，何必浪费呢？刚出家门，碰见大侄女敦和，她问婶婶："能借我点钱么？"师母掏出钱包对她说："幸亏已经买了回天津的火车票，还剩两块，咱们一人一块。"于是就给了她一块钱，自己留一块回去。这个故事我就不多说了，说一说"一个烧饼分两半"的事儿：

"一个烧饼分两半"，是与张伯驹先生有关的故事，与上文的境遇相仿，但更令人心痛。王先生写过几篇纪念张伯驹先生的文章，但是

---

① 《锦灰不成堆》，王世襄著，生活·读书·新知三联书店，二○○七年，第十九页。

他没有说这件事儿。张伯驹先生（一八九八——一九八二），与张学良、溥侗、袁克文一起被称为"民国四公子"。张伯驹是集收藏鉴赏家、书画家、诗词学家、京剧艺术研究家于一身的文化奇人，著有《丛碧词》、《红毹纪梦诗注》等书。大家都知道，张伯驹先生有几件倾国倾城的旷世收藏，西晋陆机的《平复帖》、隋展子虔的《游春图》、唐杜牧的《张好好诗》等，在解放后无偿地捐献给了故宫博物院。张伯驹先生一九八二年二月二十六日病逝于北京。艺术大师刘海粟曾说："他是当代文化高原上的一座峻峰。从他那广袤的心胸涌出四条河流，那便是书画鉴藏、诗词、戏曲和书法。四种姊妹艺术互相沟通，又各具性格，堪称京华老名士，艺苑真学人。"

虽然有如此巨大的贡献，但他还是被打成右派，在"文革"时下放到吉林劳动改造，等回到北京之后已经是流离失所，生活完全没有着落，对此事王先生在他的书中也提及过：张伯驹先生最困难的时期，在一九六九年被送往吉林舒兰县插队，拒收后只好返回北京，没有户口，成为无业游民，连粮票都要靠亲友匀凑。后来，直到一九七二年，陈毅的追悼会，他写了一副挽联，被毛泽东看见，挽联的内容打动了毛泽东，认为是所有的挽联中写得最好的，毛泽东问周恩来，周恩来告诉他说这是张伯驹写的，并借机向主席反映了当时张伯驹一家的艰难困境。在毛主席的直接干预下，张伯驹才被安排了工作，受聘于中央文史馆。

师母曾经跟我讲过：有一次，也是在回静海干校的路上，她刚走在南小街的大街上，偶遇张伯驹的夫人潘素，那时是张伯驹夫妇生活最凄惨的时候，因为在当时没有粮票就没法生活。见到师母后，聊了一会儿近况，张夫人极不情愿可又无可奈何地低着头说："能不能先借我点粮票，今天的饭真的没着落了。"可是师母在当时也同样生活困苦，她和王先生两个人的粮票是定量的，而且要全部交回给干校，所以手上真的是根本没有粮票，尴尬之际，忽然她想起来说："正好，我还有一个烧饼，是今天回干校的干粮，我就把它掰开，咱俩一人一半吧。"

这件事儿千真万确，师母也至少与我和我的妻子说过两次，每次说的时候语速都很慢，语气更让我们感到相当的沉重和无言。我不知为何王先生没有在纪念张伯驹先生的文章中提及此事。但他在《锦灰三堆》中提到过：

> 一九五七年伯驹划为"右派"后，由于振庭同志的推荐使得任职于吉林省博物馆。"文革"中伯驹夫妇成为无业游民，送往吉林省舒兰县插队，因不能参加劳动被拒收，两位不得已返回北京，成为"黑户"，粮票要靠亲友匀凑方能生活。[1]

早年张伯驹先生居住的院子是大太监李莲英的大宅院。时常有文人聚会，良厨设宴。王世襄先生在《锦灰三堆》中亦提到：

> 一九四六到一九四八年间，我曾几次应伯驹先生邀请，参加古琴雅集和押诗条聚会。那时他住在弓弦胡同一号，李莲英的故宅，会后他常留客人吃饭，不是筵席而是家厨备膳。有一道菜每次都有，深受大家欢迎，是任何饭庄和餐厅大都吃不到的——清炒口蘑丁。中号菜碗盛得八成满，一颗颗如小指肚大的口蘑，灰白色，有皱纹，并不起眼，可真好吃。别的菜尚未大动，它已被吃光。我更是刚端上来便先舀一大勺。[2]

如此的境遇对比可能让王先生觉得太心酸，实在写不出手了吧。

记不得是哪年了，有次中国嘉德国际拍卖有限公司的业务员告诉我，他们征集到了一些张伯驹夫人潘素用过的器物，其中有一张月琴，造型做工精致，外边还包有一个青花印染的棉布琴套，十分讲究，从

---

① ②《锦灰三堆》，王世襄著，生活·读书·新知三联书店，二〇〇五年，第一四三页。

此便能看出其人的素养和艺术品位。看到这张琴，不禁又让我想起了前边说的这段故事。

"吃会"与会吃 [①]

一九九六年十月下旬的一天，国际鼻烟壶协会研讨会结束后，我们陪王世襄先生去了一家相距不远的宾馆吃饭。得知素有"学人美食家"之称的王先生光临，宾馆总经理之热情自不待言，亲自作陪，选定厨师，拿出了看家手艺。席间得知，掌勺的厨师原为北京四川饭店主厨，不久前在一个大奖赛中获第四名。当总经理不无委屈地说到前三名均为出资赞助单位的厨师时，王先生风趣地接荐儿说："这个第四名后面应该加个括号，注明'未赞助'。"

说话之间，王先生谈起，最近在京的几个海外实业家、美食家成立了一个名为"吃会"的组织，特邀他作顾问及荣誉会员。吃会的主要活动是光顾北京不同类型的饭馆儿，品尝加鉴赏。吃会亦有章程，诸如事先不与所去饭馆儿打招呼，不暴露吃者身份等，目的无非是想测验出饭馆的真实水平。饭后，以打分方式评定，最终将结果以正式文本送交被光顾单位，并公布于众。鉴于吃会会员的身份，可想此鉴定书之分量及权威性，其评定结果对各饭馆及广大顾客都会产生影响。

听此消息，大家不禁对吃会的活动发生了兴趣，随之又不免感慨起来。近年来，北京的餐饮业越发不尽人意，饭菜水平不见长，价钱却一涨再涨，吃会的出现将给此等时弊猛击一掌。吃会的考评不看花

[①] 九十年代中期，上海《文汇报》的"笔会"专栏编辑向王先生约稿，王先生跟我说："你试着写一篇吧。"我就写了这篇《"吃会"与会吃》，此文曾发表于一九九六年十二月十七日，王世襄先生和夫人看过后，说写得还行。关于吃会，王先生参加的最后一次活动，我记得是在某知名的淮扬菜饭庄，他跟我说，现在北京的各个饭馆，基本都是一个路数。以后不再参加这类饭庄的品鉴了："没劲了。"（北京老话，意为没意思了，是王先生生活中的常用语。）

架子，注重内在质量。无论什么级别的饭馆儿，均以大众化的经济实惠的菜肴为主要评定对象，考的是厨师的真工夫、配料的科学、操作的卫生、服务的质量和餐厅的环境，越是能把最大众化的原料做成有特色的美味佳肴，越会受到好评。

餐桌上大家边吃边聊，在一旁服务的餐饮经理一再拜托王先生设法将吃会请来，他们随时欢迎考核。经理是个机灵人，言语之间旁敲侧击，试探如何才能博得吃会的好印象。王先生又将当年在首届烹调大师评比会上发表的见解说了一遍。经理未得要领，总是把"好"与"昂贵"、"珍稀"联系在一起。我听了真替他着急，便说："你把大白菜炖豆腐练好了就能得高分。"

的确，以山珍海味烹制而成的珍馐佳肴固然味美，用最便宜、最普通的原料烧出的家常便饭也同样可以让人大快朵颐。若能将家常菜做得高人一等，令人品味出其间的不同，而且百吃不厌，那才是真功夫。

曾记得有一次，香港"敏求精舍"的十几位会员来京参加中国嘉德首次拍卖，在台湾饭店设宴与大陆朋友聚会。"敏求"作为香港知名收藏家的学术组织而享誉国际，会员不仅对文物有极高的鉴赏力，而且个个属"会吃"人士。当日的宴会丰盛气派，可坐在我身边的两位太太却私下又专门各点了一碗炸酱面，还悄悄告诉我，她们在家也最爱吃炸酱面，尤其爱吃王世襄先生做出的炸酱面，那味道，绝了！当时恍然大悟，想起曾有香港朋友专程登门恳请王先生亲手烧一瓶炸酱带回家去慢慢享用。更有海外痴情者，得知王先生有一道以大葱为主要原料的绝活儿"海米烧大葱"，说："吃不到王世襄先生的'烧葱'死不瞑目！"虽然是玩笑，却是上了美国加州的中文报纸。

说话间，餐桌上端来了宴会中最便宜的一道菜"蒜茸清炒大白菜"。当时正值大白菜上市，大街小巷冬储菜堆成小山，煞是京城一景。此时的白菜最便宜也最新鲜，选用其细嫩部位，以适量油盐、少许酒烹之，火候恰到好处，竟成了宴会的头彩。一大盘吃完，大家意犹未尽，马上又请再炒了一大盘，端将上来，又像风卷残云似的一下子盘空见底，可见受欢迎的程度。

第二天，敏求会员中，一位收藏清宫珐琅彩瓷器的朋友问我能否抽空陪他去街上买两棵大白菜，好带回香港与太太共同享用。他竟对北京的大白菜如此垂青，我满心乐意帮助他遂其心愿。只可惜当天活动安排得太紧，未得闲空一起上街。第二天我在回家的路上，选购了两棵成色最好的大白菜，去掉老帮，用报纸包好，送至饭店。他就是左手一棵，右手一棵，抱着两棵北京大白菜，喜滋滋登上了回香港的飞机。

我不是收藏家

本来王先生应称为收藏家，显然他也是无愧的，但出于谦虚，他并未接受。翻开他的著作《自珍集》，自序的第一段一句话："人或称我收藏家，必起立正襟而对曰，实不敢当，实不敢当。"王先生是这样写的，实际上他也是这么做的，我碰到过多次，当友人恭维王先生，说"您是收藏家"，王先生真的立刻站起来对曰："不敢当，不敢当。"有一个有意思的小故事，一个外面来的朋友恭维王先生，王先生说完"不敢当"以后，他还没完，一个劲儿地说，您看，您的收藏这么重要，办个博物馆都是世界级的。王先生说："你别说了，你要再说，我就钻桌子底下去了。"王先生不愿意人家叫他"收藏家"，确实出于谦虚。他曾说过，成为一个收藏家不容易，有好的收藏只是标准之一，重要的是对其藏品有深刻理解，并对这一领域有所贡献，如朱启钤，不仅收藏古代织物、创建营造学社、保护历史档案，在古代文学等诸多学术领域亦有真见卓识。王先生认为，近现代称得上收藏家的，还有朱翼庵先生、张伯驹先生、周叔弢先生。他与他们大都有交往，并告诉过我他们的成就，且反复强调：收藏家都不是自封的，而且绝不爱"咋呼"，"开水不响"，"真水无香"。因此较早期的时候，王先生说"我还不够收藏家"。确实是出于谦虚，但是后来随着这些年来中国社会经济的发展，越来越多的人，有钱买到些古玩，就自冠头衔"收藏家"，使这个词儿从缩水到变成挺俗的。尤其有人自比历史上"某某某收藏家"，四处宣扬，这令王先生十分反感。有次看报，王先生拿着报指着一段文章跟我说："真敢开牙，跟某某某比拟，我都替他们臊得慌。"可是这些年下来，"收藏家"们的队伍越来越庞大，有些人仅当收藏家还不过瘾，自冠名"大"收藏家，更让人哭笑不得了。从此以后，大家也觉得再叫王先生"收藏家"真的也不合适了。

惜时如金

上世纪八十年代时，王先生有很长一段时期，每天把时间排得满满的，分秒必争，休息时间是几点呢？是晚上七点。他会利用中央电视台"新闻联播"片头的时间，稍微活动活动，然后一边看电视，一边听广播，而且是一只耳朵听一个：他有两个半导体收音机，一个索尼的，稍微大一点，可以收听短波，用左手贴在左耳朵上，听英文新闻，一般是BBC，因为是短波的缘故，听的时候随时得摇晃这个收音机，找到一个好的接收方位，这个动作在我脑子里就像是昨天一样。另外，右边拿一个很便宜的国产小"半导体"，贴在右耳，听体育节目，若有球赛，他更喜欢。同时，他还跟人聊天。这就是他的休息，是他非常高兴的享受，似乎身体放松了，脑子也放松了。

我当时很奇怪，觉得简直难以想象，后来故意试过几次，等播完了我就问他刚才新闻播了哪些东西，球赛谁赢了谁输了，英文广播国际上有什么重大事件，总的内容他基本不丢。同时他可以跟客人聊天，不耽误。这一是反映他惜时如金，另外也反映了王先生不是一个平常人，他天生的聪明、睿智，他的天分，我们不能不承认。

动物都属"猪"?

　　上个世纪九十年代中期的一天,一位自称林业科学院的副研究员来访,声称要主持建立包括紫檀、黄花梨等珍贵木料在内的国家标准,他希望能得到我的一些帮助和支持。听完他的叙述后,让我惊讶极了,他当时都没见过几件明黄花梨家具,客观上可以说他对古典家具是一窍不通,而且对要完成的这项课题竟也想得是如此简单,他说他就需要一些木样,他已经找硬木家具厂的陈书考要来了两片紫檀木样,到我这儿来,是希望能再给他提供两片紫檀和黄花梨的木样,然后带回去进行化验,其他的木料他有,这样就可以完成这项工作了。听后让我真正地理解了"无知者无畏"的含义!实际上国际上和学术界,一直都有不少的专家和学者在认真和严肃地探讨和研究这项课题,只是因为这是一项极其复杂和严谨的工作,涉及到历史和诸多学科,谁也不敢武断地拿出研究成果,一直都是处于交流和探讨的阶段。我听他说话的意思,简直感觉就像是在听一个人开玩笑。鉴于他对木器家具和木料如此无知,我就告诉他先学习一点基本知识,至少要弄清楚各种木材都是什么样的,在见我时他甚至都不知道黄花梨是什么颜色的,连基本的概念都没有,我明确地告诉他,以后别再来找我了。

　　我当时以为,他若是真的开始学习和了解古典家具,对此事也就会知难而退了。我把此事当成一个笑话,也就没放在心上。没想到后来,他又跟我联系,他还真是下了决心非要干这件事儿,我就直接告诉他:在古玩和古家具界,对各种珍贵木料已有高度的认同和认知,又因为紫檀、黄花梨、鸡翅木、红木等这些名贵的木材都有各自非常明显易辨的特征,因此业界根本就不会混淆,所以建立这项国家标准本来就没有太大的意义和必要,而且植物学中早已经有了关于紫檀的分类,但是木材学上说的紫檀和家具上说的紫檀还不是一回事。做这件事要慎重,即使单从木材来分类,也要有所说明,而且这将是一项极其复杂的工作。可万万没想到的是,没过几个月,真的有一份国家木材标准的征求意见稿出台了，被称为"红木国家标准"。

在这个标准里，将紫檀、黄花梨等珍贵硬木统统都划分归属于红木，但是要知道，在中国历史上，红木家具单属一类，而且是清代家具重要的一大类。若按他的分类，等于是把清中期的这一大块的家具凭空给抹没了。而把紫檀、黄花梨等不同种类的木料都归为红木类，从道理上说更是不合理，而且会造成严重的混淆和混乱。例如中国的海关自上世纪五十年代以来有明文规定：红木家具可以出口，不做文物监管；而紫檀、黄花梨则不仅不可以出口，而且受到严格的文物监管。按他这样一归类，对文物市场和文物鉴定都会产生混乱。稍有古玩常识，尤其是在木器家具行中的人都知道，把红木家具称作是紫檀家具最为常见，也是最为可憎的一种骗术。若按照他的这个国家标准分类，让误把红木家具当紫檀买的受骗上当的人都没地方说理了。

此标准一出，业界极为反感，给予强烈的质疑，在北京长安俱乐部还举办了一次研讨会，与会者包括朱家溍先生、王世襄先生和多位专家学者，这个会变成了一个质疑大会，大家对这份木材标准表示一致的否定，我在会上的发言也明确地表示该先生没有资格做这件事，太荒唐。王先生给予批驳的观点是：这种分类的思维方法就等于说是"所有的动物都属猪"。面对会上的严厉质询和批评，此君未发一言解释和反驳，主持会议的林业部负责起草方案的人一直在"和稀泥"。但大会结束后，不知为何，这个标准最后还是颁布实行了，现在一直在使用。对此，王先生认为这是一个严重的学术无能，荒唐到家了！当时我们就认为这个"国家红木标准"，起码应该改名为"珍贵木料标准"或"珍贵硬木料标准"，把红木、紫檀、黄花梨等都可以叫做珍贵硬木木材，这些料制成的家具可称为"珍贵硬木家具"或"硬木家具"。但是这个方案最终没有被接受。

王世襄先生对这件事的进展也一直非常关心，一直在想申诉的办法，我因为工作忙，所以没有再做更多的工作。二〇〇八年，在中国古典家具研究会学术研讨会上，多位专家学者又发起声明，废除此项无知和荒唐的"国家标准"，详见下图。王先生也在声明上签名，希望把这个国家木材标准彻底废除。

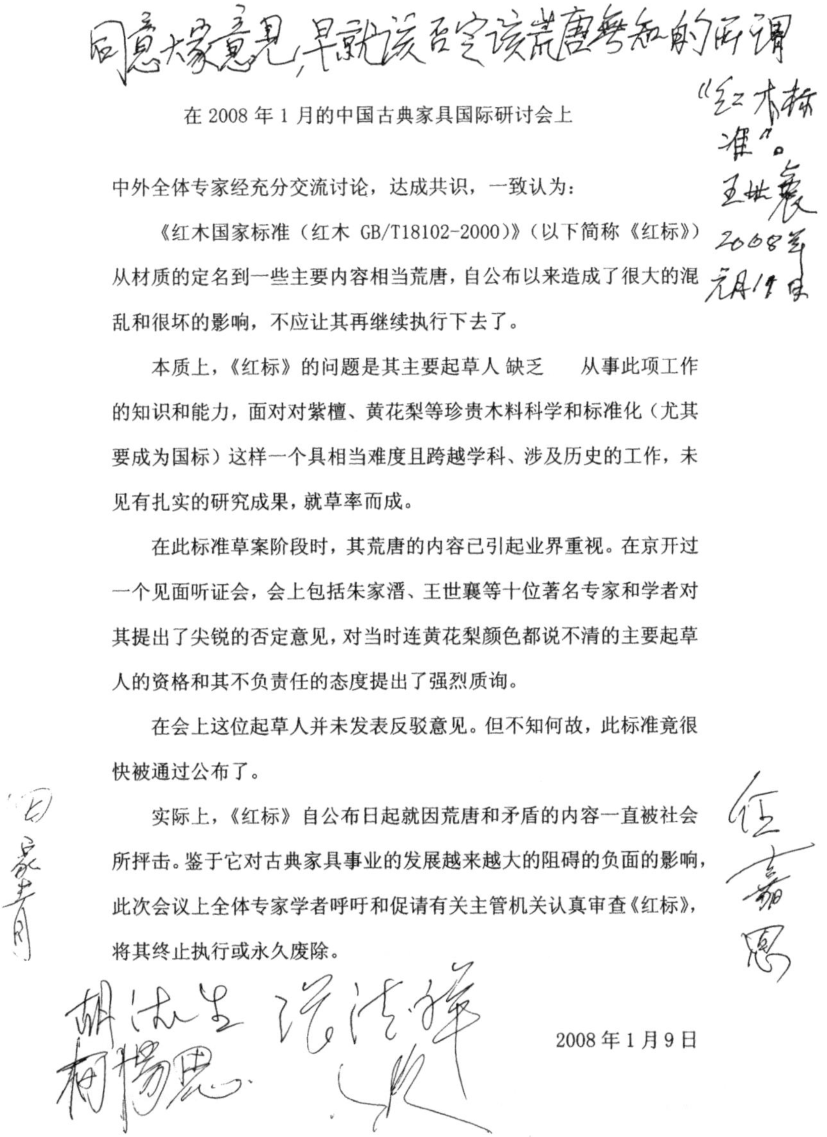

同意大家意见，早就该否定该荒唐愚知的所谓"红木标准"。
王世襄
2008年元月9日

在 2008 年 1 月的中国古典家具国际研讨会上

中外全体专家经充分交流讨论，达成共识，一致认为：

《红木国家标准（红木 GB/T18102-2000)》（以下简称《红标》）从材质的定名到一些主要内容相当荒唐，自公布以来造成了很大的混乱和很坏的影响，不应让其再继续执行下去了。

本质上，《红标》的问题是其主要起草人 缺乏 从事此项工作的知识和能力，面对对紫檀、黄花梨等珍贵木料科学和标准化（尤其要成为国标）这样一个具相当难度且跨越学科、涉及历史的工作，未见有扎实的研究成果，就草率而成。

在此标准草案阶段时，其荒唐的内容已引起业界重视。在京开过一个见面听证会，会上包括朱家溍、王世襄等十位著名专家和学者对其提出了尖锐的否定意见，对当时连黄花梨颜色都说不清的主要起草人的资格和其不负责任的态度提出了强烈质询。

在会上这位起草人并未发表反驳意见。但不知何故，此标准竟很快被通过公布了。

实际上，《红标》自公布日起就因荒唐和矛盾的内容一直被社会所抨击。鉴于它对古典家具事业的发展越来越大的阻碍的负面的影响，此次会议上全体专家学者呼吁和促请有关主管机关认真审查《红标》，将其终止执行或永久废除。

2008 年 1 月 9 日

看足球——你又跑这儿玩来啦

像王世襄先生他们这一代的中国文博和文化巨匠，每个人的脾气、性格都非常有特色，而且都相当不同，正是他们的不同于常人的个性，造就了他们辉煌的人生。现在我们看到的和研究的都是他们的成就，其实凡是这类高人，个性一般都不同于常人，必然有很多有意思之处，就和他们的成就一样，也值得我们学习和研究。

就王世襄先生来说，大家一般都把他看成是一个高人、奇人。社会上流传着许许多多关于他的轶事和故事，当然有真的也有瞎传的，听多了以后就会让大家产生一个印象，觉得像他这样的人是不是都挺难相处的。例如我的几个朋友都告诉过我他们听到的一个关于王先生的有意思的故事，也不知道他们是从哪儿听到的，说："文革"中王先生还在干校的时候，有一次，军宣队给他们开政治学习会，没完没了地数落这些人，也数落王世襄，说他这个那个的，还没完没了，王世襄站起来说："你说完没有？"那人愣了，问，"怎么啦？"他回答说："我那儿糖拌西红柿的糖都化了。"说完转身就走了。我听完也觉得特别的可乐。王先生没有给我讲过这件事儿，但我觉得这事儿旁人是编不出来的，若说这事儿发生在王先生身上，是为了对付那号讨厌的人，我觉得是挺贴谱和真实的。

每当有人说完一段段像这样的故事后，接下来总会问："王先生是不是一个挺'生'的人不好相处？"实际上，因为他干事儿太严谨认真，在学术上和事业上都绝对不讲情面，做事粗糙的人必定会怕跟他共事。记得有采访过王先生的记者相告，因当时采访时，他们丢东落西，且无章程，让王先生和夫人说得灰头土脸的。但是认真做事的人跟他相处，却会认为是一个极为有趣儿的经历。回想三十多年来他有过太多太多让我觉得有意思的事，而且他对许多事情、事件总能用特简短又准确幽默的词句来形容，不仅能感染着你，还能让你今后不时地就会想起来品品，而且随时想起来都会觉得可乐。王世襄先生更是一个极为直率和天真的人，直到他年纪很大的时候，与他接近的人仍能感受到他真性情中的那一份童趣。

北京大学王风教授因古琴与王先生结缘，他有次讲起和王先生一同乘出租车，车上收音机播放相声，听了一会儿，王世襄先生忍不住了，让司机关掉："这哪是相声，这是咯吱人！"让人忍俊不禁。

他的人生中有太多太多的喜悦与悲伤，但他总是愿意将乐观和有趣的一面展现给亲近的人，其中有这样一件他几次向我津津乐道的小事儿，我相信他也跟别人说过，可能在别人的眼里，像这样的事儿都不好意思说出口，可王先生却认为这是一件极有趣、极为值得回忆的乐事儿，也希望亲友们能与他分享喜乐。虽然事儿小，但从中能看出老先生对生活的热爱和发自内心的那一份童真：

王先生酷爱足球，算得上是"球迷"。大概是在他四十岁左右的时候，北京有场球赛，我记不得他说的是在哪个体育馆，也不记得是

回想与王世襄先生的相处，是十分轻松、愉快和自由的。

王世襄晚年致力于观赏鸽的研究与宣传。

本世纪初，王世襄与他的老哥们儿亲切地交谈。

哪两支球队的比赛，反正对他来说，那场比赛是期盼已久。他当天去现场买票，可没想到不巧，到时票竟卖完了。看着周围一个一个都拿着票进场了，自己却在外边，别提心有多痒多沮丧了。进不去场，也不能回家，他就在场外，听着广播大喇叭里的实况解说和现场内观众的呐喊声来感受现场球赛气氛。

球赛开始了，场内传来一阵阵激动的欢呼，解说员也越说越来劲儿，他在赛场外听着，心里那叫一个急，恨不得自己能有翻墙的工夫翻进去。越听心里越难熬，就越是想看，一斜眼看见赛场墙外有根杆子（是一棵树还是一根电话线杆子，我也记得不太准，反正就是比围墙还高的一根木杆子），王先生想都没想，费了不少的劲爬了上去。也不知怎么着，还在上面给自己弄了一个能凑合坐的地方。正好一伸头就看见场内比赛了，看得这叫一个高兴。

本来他自己在上面好好待着，别人也看不见他，巧的是，他看见远处来了一位老人。我记得他说好像是朱家溍先生的母亲，比他大一辈的人。正好从那儿过。王先生本来是可以不出声地"闷得儿蜜"就得了，可他喜滋滋地非得跟人家打一招呼，让人家与他共享喜悦。朱老夫人听见声儿，平地三百六十度转了一圈，愣是找不着人，再喊一声，她一抬头，猛地才发现他在那上边。"哟，你怎么到那儿上头去啦？"王先生一听，更乐了，还做了一个怪样。朱老夫人见此景就大笑起来，当下就给了他一句："你又跑这儿玩来啦！"

王先生觉得这件事特别可乐，每次说起都乐不可支。

以往介绍的王世襄先生，在大家心目中都是一位学者或是玩儿家，给人的印象是十分严谨和严肃。其实童真童趣和率真也是贯穿他一生的最重要特质。

或许正是由于他天性中始终未泯的稚趣天真，使他达观开朗，信念不灭，经受住了一次又一次命运的严酷打击，不消沉，不自弃，终能战胜逆境，成就事业，圆满人生。

永 诀

二〇〇九年的夏秋之交，王先生病重，后来住进了北京协和医院的 ICU 病房。我和妻子，每天下午会在规定探视的时间轮流去探望他。王先生住院时基本是处于昏迷的状态，但病情还算稳定。

到了十一月，敦煌大哥跟我说："你看是不是应该安排他一些要好的朋友来见见他了，应请谁来，咱们碰碰，通知安排一下吧。"我其实在当时还抱有一丝希望，认为王先生的身体素质一直很好，能挺得过来。听了他的话，不由心里向下一沉。于是我就安排了三十位王先生熟悉且平时走得比较近的朋友来看他。因为探视有时间限制，不能太长，所以分成了几天来。一批批人来看他，其中像何孟澈、伍嘉恩等人都是专程从香港和美国特意赶过来的。他们呼唤他时，有人说与王先生有眼神交流。此时此刻，我心里才意识到：恐怕已经很难挽回了，这已经是最后的时间了。因此，我的心情特别压抑，心脏十分不舒服，但一直硬撑着。

十一月二十三号那天下午，我去看他。按照惯例，依医生说的促醒方法，我总会轻轻地在他耳边讲一些我和他共同经历的一些乐不可支的往事，前几天他一直都没有什么太大的反应，但这次他竟稍微睁了睁右眼，似乎又露出了以往那样灵动的神态，但也只是闪现了一下，然后就又闭上了眼睛。现在回想起来，那天实际上是我与王先生最后的"永诀"了。

回想今生，能够与王世襄先生结识，从当年二十几岁的一个愣头小伙子，到如今也已渐渐步入老年，三十多年风风雨雨，能有这样的一位良师，真是人生之大幸。受他的影响，我在事业和生活中也找到了真正属于我的天地。最重要的是，从他的身上，我看到了人生所能够达到的境界。共同的兴趣爱好和多年的相处，让我们成了忘年之交。对王先生最好的怀念就是做实事。此次编写这本书，依然是按照王先生一贯的要求，也是他最核心的要求：客观、真实。书中的内容一定是全新的，不"炒冷饭"。我看过以前几本介绍王先生的传记，内容大抵是他的家族门第、生平履历、追索国宝文物的经历以及所受迫害和平生成就等等。而这些方面，在我的这本书中将一律不再涉及。我希望这本书能让大家对王世襄先生有一个更深入、更准确的认识，如果说以往对王先生的介绍像是一张素描，那么我希望我的这次摹写能像一幅色彩丰富的绘画，让人们认识一个更多面、更真实的王世襄。

原本想将我与王先生交往的事儿就埋藏起来，但王先生过世的这几年来，我越来越感到，王先生高尚的品格和生前的很多生活方式、思维方式、为人方式和处事方式，正是我们现在这个社会所极其欠缺的，他的思想和精神对于我们这个正处于转型阶段的社会有很好的启示作用，对于克服现今的一些弊病有重要意义。或许是出于说得好听点儿的"责任感"吧，在激烈的思想斗争之后，我还是决定，把这些故事写下来，这不仅由于其中有一些东西具有史料价值，而且也是由于它能留给我一份纪念。

一九八二年
与王先生一同给家具拍照

一九九一年
在香港明式家具展览中
与朋友合影

二〇〇一年
与王先生一块儿探讨"明韵"
系列家具第六号铁力木大
画案

二〇〇五年
在王先生寓所中合影

许荣初 2005 年 2 月为王世襄所绘的油画像。

致 谢

　　我从没有写过非学术性的书籍，所以本书对我来说是一个挑战。幸好得到了多位朋友的热情帮助和支持，尤其是常罡先生，他也研究文物，跟王先生也认识，有很好的文学功底，帮助我对大部分章节作了修改和润色，对书的结构、标题、名称等都提出了重要的意见。另外，朱传荣女士、王睿女士、周梅生先生、孙顺林先生给了我很大的支持，在此一并由衷地表示感谢。

　　著名出版家，董秀玉女士为本书的出版出谋划策，多次披阅校样，让我深怀感激。老搭档德毅为本书做了设计，与以往他帮我做的专业图书和大型彩色画册相比，此次虽是一本小书，但实际仍然花费了许多心血、下了很大的功夫。例如：为了方便读者阅读，所有的图版跟正文都是十分紧密贴切的，能够做到这点十分不易。他曾不辞辛苦地来回奔波，探讨图版的位置，特此表示感谢。同样要感谢的还有为此书绘制插图，帮助整理资料，跑前跑后不辞辛苦的赵石超先生。

　　孙熙春先生，特为此书精心撰词、设计，并篆刻了多枚印章，以表他对王世襄先生的敬意，这让我特别感动。印章分别置于相应的各篇文章中，供大家欣赏。

另外，三联书店的编辑们，为此书名也是绞尽了脑汁。曾经有过几个书名，尤其是徐国强先生想到的书名"与先生共"，名字中带有许多重要的提示和寓意，其名化自《论语》："愿车马衣裘，与朋友共，敝之而无憾。"名字颇有新意，让我特别感谢。但是最后还是选中了我在编写此书时一开始就想到的"和王世襄先生在一起的日子"，这个名字与全书的文字风格较为呼应，也较平实。

最后对所有帮助过这本书问世的人表示感谢！

蓬莱高筑蒂人留长夏

风来爽似秋浪说八仙

飘海去至今仍在阁中游

游蓬莱阁祠书奉

谭巍同志絮正 甲戌冬 世襄

羲君堂上多佳器　日瞍猶生熠熠光

不須案可折叠折卸　名出行時用具衣架鑲蟠芝

致意匠心不凡　皆攻玉山房中精品

妙筆殷勤寫素箋　圖文相映各生妍

獨家藏器裒成集　此是寰中第一篇

圖冊編寫出伍嘉恩女士之手　敍述精到獨家

藏器印成專冊中外所無　實為創舉

攻玉山房藏明式黃花梨家具展覽圖

冊印成欣賦四絶句奉賀擬以代序薰呈

承耀先生教正

一九九一年八月　暢安王世襄

中歲徒勞振臂呼檀梨慘遭溪模糊

而今喜入藏家室免作胡琴與算珠

一九五七年曾草呼籲搶救古代家具一文載文物參攷資料人微言輕難通上聽覩此慘況只有揮淚而已

墨老分書勢偉恢傳家今得頟尊齋

從來異木同瓊玖攻玉原當愛美材

攻玉山房齋頟乃墨卿太守所書攷古要論異木篇所列皆紫檀花梨㯽榔等珍奇木材

行篋功侔折疊牀莒蟠衣桁瑞芝長

製扇千般巧　吳中久擅場

竹牙同潤澤　書畫兊琳瑯

風雅源華夏　諧洽萬邦

何當齊悟徹　世界享安康

趙羽先生撰輯蘇扇鴻篇精深愽雅

絕後空前爰賦小詩以志景仰戊子訪春

暢安王世襄時年九十有四

雪泥鸿爪

不立异以为高

如沐春风

思逐风云

无尽藏

放眼量

墨禅

怀古一何深

仁者寿

长乐

琴怀

田家青印

Simplified Chinese Copyright © 2015 by SDX Joint Publishing Company.
All Rights Reserved.
本作品中文简体版权由生活·读书·新知三联书店所有。
未经许可，不得翻印。

图书在版编目（CIP）数据

和王世襄先生在一起的日子（修订版）／田家青著. —北京：生活·读书·
新知三联书店，2015.8
ISBN 978–7–108–05417–3

Ⅰ．①和…　Ⅱ．①田…　Ⅲ．①回忆录 – 中国 – 当代
Ⅳ．① I251

中国版本图书馆 CIP 数据核字（2015）第 157194 号

图书策划　活字文化
责任编辑　徐国强　刘蓉林
装帧设计　蔡立国　谭德毅
责任印制　崔华君
出版发行　**生活·讀書·新知** 三联书店
　　　　　（北京市东城区美术馆东街 22 号 100010）
网　　址　www.sdxjpc.com
经　　销　新华书店
印　　刷　北京雅昌艺术印刷有限公司
版　　次　2015 年 8 月北京第 1 版
　　　　　2015 年 8 月北京第 1 次印刷
开　　本　720 毫米 × 1020 毫米　1/16　印张 16.5
字　　数　150 千字　图 150 幅
定　　价　128.00 元
（印装查询：01064002715；邮购查询：01084010542）